Erich Kästner

Emil und die Detektive

Bearbeitet von **Andreas de Jong**
Illustriert von **Stefano Fabbri**

Member of CISQ Federation

**CERTIFIED MANAGEMENT SYSTEM
ISO 9001**

The design, production and distribution of educational materials for the CIDEB (Black Cat) brand are managed in compliance with the rules of Quality Management System which fulfils the requirements of the standard ISO 9001.

Verantwortlicher Redakteur: Chiara Versino
Redaktion: Marcella De Meglio (Studio Zebra)
Gestaltungskonzept: Erika Barabino, Silvia Bassi, Daniele Pagliari
Layout: Annalisa Possenti
Bildbeschaffung: Alice Graziotin

Künstlerische Leitung: Carla Nadia Maestri

© 2020 Cideb
Erstausgabe: Januar 2020

Emil und die Detektive © Atrium Verlag AG, Zürich 1935.

DEALINK, DEAFLIX sind Marken, die von
De Agostini SpA in Lizenz vergeben werden

Fotonachweis:
Shutterstock; iStockPhoto; AF archive / Alamy Stock Photo: 4; Mondadori Portfolio / Akg: 5, 41; allOver images / Alamy Stock Photo: 42; WebPhoto: 44; Mondadori Portfolio / Collection Christophel: 46; Imagno / Getty Images: 66

Alle Rechte vorbehalten. Jede Weiterverwertung ist ohne Zustimmung des Verlages unzulässig und strafbar. Das gilt für Fotokopien, Mikroverfilmungen, Audioaufnahmen und die Einspeicherung und Verarbeitung in elektronischen Systemen sowie jede sonstige Art der Reproduktion.

Wir freuen uns über Ihre Kommentare und Vorschläge und stellen Ihnen gerne weitere Informationen über unser Lehrmaterial zur Verfügung.

info@blackcat-cideb.com
blackcat-cideb.com

Gedruckt in Genova, Italien, bei Litoprint.

Inhalt

4 ▶ **Erich Kästner**

6 ▶ **Vor dem Lesen**

9 ▶ **Kapitel 1**
Hilfe im Haus

Kapitel 2
Im Zug nach Berlin — **13**

Kapitel 3
Neue Freunde — **17**

Kapitel 4
Ein langer Abend — **21**

Kapitel 5
Hotel Kreid — **25**

Kapitel 6
Herr Grundeis wird nervös — **29**

Kapitel 7
Schöne Grüße — **33**

Kapitel 8
Ein Fest für alle — **37**

41 ▶ **Dossiers**
Spielen mit Emil und den Detektiven
Emil und die Detektive im Film — **44**

47 ▶ **Übungen**

Track Nr. 🔊 DER GESAMTE TEXT IST ALS HÖRTEXT VERFÜGBAR.

Erich Kästner

Die meisten jungen und nicht so jungen Leser kennen Erich Kästner als Autor von Kinderbüchern. In seinem langen Leben hat dieser deutsche Schriftsteller aber auch viel Trauriges gesehen und über diese Dinge geschrieben. Er ist Zeuge einer sehr schwierigen Zeit für Deutschland.

Emil Erich Kästner ist 1899 in Dresden geboren, im Stadtteil Neustadt. In seiner Heimatstadt kann man sich in einem besonderen Museum über seine Person informieren. Seine Eltern sind einfache Leute. Der Vater arbeitet in einer Kofferfabrik, die Mutter ist erst Putzhilfe, dann Friseurin. Eigentlich soll Erich Lehrer werden. Aber sein Leben ändert sich mit dem Ersten Weltkrieg: Mit 17 Jahren muss er Soldat werden. Kästner schreibt dazu: „Der Weltkrieg hatte begonnen, und meine Kindheit war zu Ende."

Nach dem Krieg studiert Kästner an der Universität Leipzig Geschichte, Philosophie, Germanistik und Theaterwissenschaften. Er finanziert sich mit kleinen Jobs (z.B. als Parfümverkäufer), später arbeitet er als Journalist und Theaterkritiker.

1927 zieht Kästner nach Berlin. Bis zum Ende der Weimarer Republik im Jahre 1933 verbringt Kästner in der deutschen Hauptstadt sehr produktive Jahre. Er schreibt Kinderbücher, Artikel, Rezensionen, Gedichte, Satiren, Romane.

Unter der Diktatur der Nationalsozialisten ist Kästner einer der ganz wenigen Intellektuellen, die in Deutschland bleiben und doch absolut regimekritisch sind. Man spricht von „innerer Emigration". Bei der Bücherverbrennung 1933 in Berlin ist er der einzige Autor, der dabei steht, als die Nazis seine Werke ins Feuer werfen. Die Gestapo verhaftet ihn mehrmals. Trotzdem kann Kästner versteckt in der Hauptstadt weiterarbeiten; Pseudonyme retten ihn. Erst in den letzten Kriegsmonaten reist er nach Tirol.

▶ Erich Kästner, 1958.

Von 1945 bis zu seinem Tod 1974 lebt Kästner in München. *Emil und die Detektive* ist sein bekanntestes Buch, aber immer mehr Leser lernen auch den ernsten Kästner kennen.

---

1 Textverständnis • **Was ist richtig (R), was ist falsch (F)?**

R F

1. Erich Kästner ist Schweizer. ☐☐
2. Kästner war im Ersten Weltkrieg Lehrer. ☐☐
3. Kästner hat in Deutschland eine Universität besucht. ☐☐
4. Kästner hat fast 20 Jahre in Berlin gelebt. ☐☐
5. Kästner hat sehr viel gearbeitet. ☐☐
6. Kästner ist 1933 nach Tirol gezogen. ☐☐
7. Kästner stirbt in München. ☐☐
8. Kästner hat nur lustige Bücher geschrieben. ☐☐

VOR DEM LESEN

1 **Ordne jedem Wort das passende Bild zu.**

> das Stockwerk   der Fingerabdruck   die Hupe   der Liftboy
> der Wachtmeister   die Nadel   das Zugabteil   die Friseurin
> der Geldschein   der Umschlag   das Denkmal   der Dieb   der Portier
> die Kiste   das Pferd   die Windmühle   der Detektiv   der Anzug

2 Ordne jedem Satz das passende Verb zu.

1. Tom läuft hinter Rob her.
2. Frau Tischbein ruft „Tschüs, Emil" und bewegt dazu die Hand.
3. Sara ist weg. Wo ist sie?
4. Freunde tun das immer gern.
5. Nachts schlafen wir und ... .
6. Igitt, eine Schlange! Ich laufe sofort weg.
7. Das Gegenteil von „lachen".
8. Wie schön! Das ist ein wunderbares Geschenk. Danke!

a ☐ träumen
b ☐ Angst haben
c ☐ helfen
d ☐ verfolgen
e ☐ sich verstecken
f ☐ sich freuen
g ☐ weinen
h ☐ winken

Hauptfiguren

KAPITEL 1

Hilfe im Haus

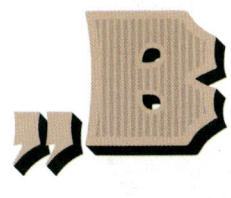„Bringst du mir bitte das warme Wasser?" Emil ist ein braver Junge. Er ist zwölf Jahre alt und wohnt mit seiner Mutter in Neustadt. Das ist nicht sehr weit von Berlin weg. Der Vater von Emil ist seit Jahren tot. So muss die Mutter arbeiten – und sie arbeitet viel. Sie ist Friseurin: Sie pflegt in ihrem Wohnzimmer die Haare von anderen Damen.

Die kleine Familie Tischbein ist nicht reich. Emil hat nur einen Anzug, aber es gibt immer zu essen. Die Wohnung ist klein und einfach und die Damen kommen gern zu Frau Tischbein.

Emil hilft seiner Mutter. Manchmal ist die Mutter krank, dann putzt Emil die Wohnung und kocht. Ja, Emil ist wirklich brav. Er besucht die Realschule und ist der beste Schüler. Er tut das für seine Mutter, denn er weiß: Seine Mutter tut alles für ihn!

Heute ist Frau Wirth bei der Mutter. Emil bringt Wasser für die Haare. „Ich höre, du fährst nach Berlin, Emil", sagt Frau Wirth.

Die Mutter antwortet für ihren Sohn: „Ja, zu meiner Schwester Martha. Sie lädt Emil immer wieder ein und er war noch nie in Berlin."

„Berlin ist für Kinder fantastisch. Die Straßen sind da nachts so hell wie am Tag!"

Natürlich freut sich Emil auf die Reise. Er hat Urlaub und eine Woche ohne Mutter ist bestimmt etwas Besonderes. Frau Wirth geht, und jetzt bereitet Frau Tischbein ihren Sohn auf die Fahrt vor. Sie packt den Koffer, hat Blumen für ihre Schwester, ein paar Brote mit Wurst gibt es auch. Aber das Wichtigste kommt noch.

Hilfe im Haus

Aus einer Dose nimmt Frau Tischbein drei Geldscheine und steckt sie in einen Umschlag. „Das sind 140 Mark. Das ist viel Geld. 120 Mark gibst du deiner Großmutter, 20 Mark sind für dich. Die brauchst du für die Fahrkarte von Berlin zurück nach Neustadt. Etwas Taschengeld ist dann noch für dich."

Frau Tischbein ist besorgt und wiederholt ihrem Sohn oft: „Verlier das Geld nicht! Pass gut auf! Sprich mit niemandem im Zug über das Geld!"

Ja, 140 Mark sind sehr viel Geld. Das verdient Frau Tischbein mit ihrer anstrengenden Arbeit in einem Monat!

Zum Mittagessen gibt es Makkaroni mit Schinken und Parmesankäse. Emil hat schon seinen Anzug an, er steckt den Umschlag mit dem Geld in die Jacke. Die Mutter erklärt ihm noch einmal alles, Emil streicht sich einen Makkaroni vom Knie ... die Mutter merkt nichts. Zum Glück!

Endlich geht es los. Sie fahren mit der Pferdebahn zum Bahnhof. Was ist denn eine Pferdebahn? Das ist eine Straßenbahn, aber ohne Elektrizität. Sie bewegt sich auf Schienen[1] und ein Pferd zieht sie. Emil sieht in Berlin sicher eine echte Straßenbahn. Auch das ist für ihn bestimmt toll.

Am Bahnhof nimmt er seinen Koffer von der Pferdebahn. Auf einmal sagt jemand hinter ihnen: „Geht die Reise in die Schweiz?" Es ist der Polizeiwachtmeister Jeschke. Emil hat plötzlich große Angst.

Einige Tage vorher haben Emil und seine Freunde einen dummen Streich gespielt[2]. Sie sind auf ein Denkmal gestiegen[3] und haben dem wichtigen Herrn eine Mütze auf den kalten Kopf gezogen[4]. Emil ganz persönlich hat der Statue mit Buntstiften sogar eine rote Nase

---

1. **die Schiene, -n:** auf Schienen fährt ein Zug oder eine Straßenbahn, sie sind aus Metall.
2. **haben ... gespielt:** Perfekt von *spielen*.
3. **sind ... gestiegen:** Perfekt von *steigen*.
4. **haben ... gezogen:** Perfekt von *ziehen*.

KAPITEL 1

und einen Schnurrbart gemalt⁵. Und da ist der Polizeiwachtmeister Jeschke gekommen⁶. Die Kinder sind natürlich gelaufen⁷ wie Mäuse, aber vielleicht hat der Polizist doch etwas gesehen⁸.

„Nein. Emil fährt zu seiner Tante nach Berlin." Der Wachtmeister ist sehr freundlich. Kein Wort über das Denkmal. Vielleicht will er ein anderes Mal mit Emil sprechen – vielleicht nach der Berlinreise. Emil ist noch immer sehr besorgt.

Die Mutter kauft für Emil den Fahrschein nach Berlin. Sie wiederholt schon wieder alles: „Bahnhof Friedrichstraße – da musst du aussteigen. Nicht vorher, nicht später. Und denk an den Umschlag!" Und, und, und.

„Alle einsteigen, der Zug fährt ab!" Jetzt ist es Zeit. Mutter und Sohn müssen sich verabschieden. Frau Tischbein winkt mit dem Taschentuch. Dann dreht sie sich um. Das Taschentuch ist noch in ihrer Hand, also kann sie auch noch etwas weinen. Aber nicht lange – denn zu Hause wartet schon Frau Augustin auf die fleißige Friseurin.

---

5. **hat ... gemalt:** Perfekt von *malen*.
6. **ist ... gekommen:** Perfekt von *kommen*.
7. **sind ... gelaufen:** Perfekt von *laufen*.
8. **hat ... gesehen:** Perfekt von *sehen*.

ÜBERLEGUNGEN

1 Warum ist Emil so gut zu seiner Mutter?

    a ☐ Er weiß: Sie tut alles für ihn.
    b ☐ Der Vater ist tot und die Mutter ist allein.

2 Wie wichtig ist die Familie für Frau Tischbein?

    a ☐ Sehr wichtig: Sie arbeitet für alle.
    b ☐ Sehr wichtig: Sie fährt oft zu ihrer Mutter und ihrer Schwester.

Nach dem Lesen • Seite 48
Werte und Gefühle • Seite 78

KAPITEL 2
Im Zug nach Berlin

Jetzt beginnt für Emil die tolle Reise nach Berlin. Er tritt in ein Zugabteil und grüßt. Da sitzen zwei Damen, ein alter Herr und ein Herr mit einem Hut. Eine Dame freut sich über Emil. „So ein freundlicher Junge! Das ist heute selten. Früher war das anders!"

Emil hört diesen Satz oft und jedes Mal denkt er: „Früher war vieles gar nicht besser, aber die Menschen sind ja nie zufrieden."

Schnell fühlt Emil nach seinem Umschlag in der Jacke. Der Herr mit dem Hut bietet ihm etwas Schokolade an.

„Danke, ich nehme gern ein Stück. Emil Tischbein ist mein Name."

„Mein Name ist Grundeis. Wohin geht denn die Fahrt, junger Mann?"

„Ich fahre nach Berlin und besuche meine Tante und meine Großmutter."

Da erzählt Herr Grundeis von Berlin: „Eine ganz besondere Stadt! Da gibt es Hochhäuser mit hundert Stockwerken. Die Dächer sind

KAPITEL 2

am Himmel festgebunden.¹ So können sie nicht wegfliegen." Der Mann spricht noch von anderen dummen Dingen. Emil isst ruhig seine Wurstbrote.

Wenig später hält der Zug. Viele Leute steigen aus, auch die zwei Damen und der alte Herr. Jetzt ist Emil mit Herrn Grundeis allein im Abteil. Das gefällt Emil überhaupt nicht. Auf der Toilette steckt er mit einer Nadel den Umschlag und das Geld innen an der Jacke fest. So können die Scheine nicht aus der Jacke fallen.

Emil kehrt ins Abteil zurück. Der Herr mit dem Hut schläft. Der Junge möchte auf keinen Fall einschlafen, aber er langweilt sich. Er denkt an seine Cousine, Pony Hütchen. Sie ist so alt wie er und benimmt sich wie ein Junge. Einmal waren Tante Martha, die Großmutter und Pony mit ihrem Hütchen in Neustadt. Er denkt noch ein bisschen, dann schläft er ein.

Emil träumt. Im Traum fährt sein Zug sehr schnell im Kreis. Da geht Emil nach vorne. In einem Abteil sieht er einen Mann mit einem Hut aus Schokolade. Emil geht weiter, er sieht niemanden. Endlich ist er vorne, aber da sitzt Herr Jeschke und vor ihm sind neun Pferde! Die ziehen den ganzen Zug.

„Wer waren die anderen Jungen auf dem Denkmal?" Herr Jeschke ist überhaupt nicht freundlich und Emil hat schreckliche Angst. Er fällt von der Kutsche, aber der Zug verfolgt ihn.

Auf einmal sieht Emil ein Hochhaus mit zweihundert Stockwerken. Er rennt hinauf, aber der Zug mit Wachtmeister Jeschke ist immer hinter ihm her. Emil springt vom Dach auf eine Wiese. Da steht eine Windmühle aus Glas und drinnen wäscht seine Mutter gerade Frau Augustin die Haare.

„Was machst du denn hier?", fragt die Mutter verwundert.

---

1. festgebunden: Partizip von *festbinden*.

„Wachtmeister Jeschke will mich fangen. Ich habe nämlich das Denkmal angemalt." Plötzlich drehen sich die Mühlenflügel. Die Sonne scheint auf das Glas und die Pferde von Wachtmeister Jeschke werden nervös. Der Zug hält und Emil wird ruhig. Jetzt fragt ihn die Mutter: „Hast du noch dein Geld?" – Da wird Emil wach!

Awake Der Zug fährt gerade aus einem Bahnhof. Emil sitzt nicht mehr auf seinem Sitz, er sitzt auf dem Boden und – der Mann mit dem

KAPITEL 2

Hut ist weg! Jetzt hat Emil ein ungutes Gefühl. Er kontrolliert – und wirklich: Das Geld ist auch weg! Nur die Nadel ist noch in der Jacke und mit der sticht sich Emil in den Finger. „Aua!"

Jetzt soll Emil nach Berlin fahren und sagen: „Großmutter, hier bin ich, aber das Geld ist nicht da. Es gibt kein Geld!"

Emil weint ein bisschen, dann denkt er nach. Er will die Polizei nicht informieren. Die weiß vielleicht von dem Streich mit dem Denkmal in Neustadt und sucht Emil und die anderen Jungen!

Der Zug ist endlich in Berlin und hält im Bahnhof Zoologischer Garten. Emil will nicht mehr im Zug bleiben. Er hat den Koffer und die Blumen in der Hand und sieht aus dem Fenster. Da spaziert ein Mann mit einem Hut. Ist das vielleicht Herr Grundeis?! Schnell steigt Emil aus. Oh, noch ein Mann mit Hut, und da noch einer! Auf einmal ist Emil sicher: Vor ihm geht Herr Grundeis. Er war also noch im Zug und ist mit Emil am Zoologischen Garten ausgestiegen. Emil läuft vorsichtig hinter dem Mann her, die Treppe hinunter. Jetzt keinen Fehler machen!

ÜBERLEGUNGEN

1 Warum möchte Emil nicht allein im Abteil sein?

- a ☐ Er will sich nicht langweilen.
- b ☐ Herr Grundeis gefällt ihm nicht.

2 Wie reagiert Emil auf den Dieb?

- a ☐ Er ist traurig und wartet auf Hilfe.
- b ☐ Er ist traurig, aber dann sucht er eine Lösung.

Nach dem Lesen • Seite 50
Werte und Gefühle • Seite 78

KAPITEL 3

Neue Freunde

Endlich geht der Dieb aus dem Bahnhof. Auf der Straße vor dem Bahnhof kommt gerade eine Straßenbahn. Nummer 177, ohne Pferde! Ganz vorne steigt Herr Grundeis ein, Emil vorsichtig ganz hinten. Wie kann es denn weitergehen? Vielleicht springt der Dieb jetzt aus der Straßenbahn. Das kann Emil nicht tun, der Koffer ist zu schwer.

Die Straßenbahn hält ein erstes Mal. Da erscheint der Schaffner. Er kontrolliert und verkauft die Fahrkarten. Aber Emil hat ja kein Geld. „Na, und du?", fragt der Schaffner den Jungen.

„Ich habe mein Geld verloren, Herr Schaffner." Da schaut ein Herr neben Emil von seiner Zeitung auf: „Geben Sie dem Jungen bitte einen Fahrschein!" Er zahlt dem Schaffner den Fahrpreis.

„Vielen, vielen Dank, mein Herr!", sagt Emil.

„Bitte schön, nichts zu danken", antwortet der Herr und schaut wieder in seine Zeitung. Emil ist froh. Er kann noch in der Straßenbahn sitzen bleiben, der Dieb ist auch noch da. Aber wie kann man dem Jungen helfen? Emil fühlt sich sehr allein.

Neue Freunde

Im Bahnhof Friedrichstraße warten Emils Großmutter und seine Cousine Pony Hütchen auf den Besuch aus Neustadt. Viele Leute steigen aus den Zügen, ein großes Durcheinander mit Koffern, Kisten, Taschen, Blumensträußen. Nur Emil ist nicht da. Pony sagt zur Großmutter: „Vielleicht ist Emil in einem anderen Bahnhof. Jungen sind manchmal furchtbar blöd!"

Sie warten noch eine halbe Stunde, aber es hat keinen Sinn. „Der nächste Zug aus Neustadt kommt um 20.33 Uhr hier an. Dann können wir ja wiederkommen."

Die Großmutter ist mit dem Vorschlag von Pony einverstanden und sie gehen nach Hause. Ponys Eltern sind ganz aufgeregt, aber niemand weiß eine Lösung. Die Mutter in Neustadt können sie bestimmt nicht fragen. Der Schreck ist dann zu groß. Da hilft nur warten.

Emil kann jetzt nicht mehr warten, denn der Mann mit dem Hut steigt aus der Straßenbahn. Der Junge nimmt Koffer und Blumen, bedankt sich noch einmal bei dem Herrn mit der Zeitung und geht. Alles geschieht sehr vorsichtig und von Weitem sieht Emil plötzlich wieder Herrn Grundeis. Der setzt sich auf eine Café-Terrasse.

Der Junge hat ein gutes Versteck zwischen einem Zeitungskiosk und einer Litfaßsäule. Aber die Situation bleibt kritisch. „Da sitzt der Dieb, isst und trinkt im feinen Café Josty an der Kaiserallee und ich kann mit niemandem über mein gestohlenes Geld sprechen", denkt Emil traurig. Da hupt es hinter ihm. Es ist kein Auto, kein Fahrrad, kein Bus – Emil dreht sich um und sieht einen Jungen. Der lacht. „Da hattest du aber Angst! Ich habe eine Hupe in meiner Hosentasche. Für meine Hupe bin ich im ganzen Viertel bekannt. Was tust du denn hier?"

Emil erklärt dem Jungen alles. Die Fahrt, das Geld, der Dieb, das Problem mit der Polizei, die Großmutter am Bahnhof Friedrichstraße …

„Das ist ja wie im Kino! Großartig! Und jetzt? Ich kann dir ja vielleicht helfen."

KAPITEL 3

Das freut Emil natürlich sehr.

„Ich heiße Gustav."

„Und ich Emil. Hast du vielleicht noch ein paar Freunde?"

„Großartige Idee. Sicher! Ich laufe durch die Höfe und hupe. Dann kommen bald ein paar Jungen."

Natürlich muss es schnell gehen. Nach zehn Minuten hört Emil die Hupe wieder. Er dreht sich um und hinter Gustav stehen mehr als zwanzig Jungen. Alle stellen sich bei Emil vor. Gustav zeigt auf den Dieb. „Den müssen wir haben! Das ist sehr wichtig! Verstanden?"

„Aber Gustav, das schaffen wir doch bestimmt!", versichert ein Junge mit einer Brille. Sein Name? „Der Professor"!

Als erstes sammeln die Jungen etwas Geld. Dann gibt Gustav den Koffer und die Blumen im Café bei einem freundlichen Kellner ab. „Den Koffer und die Blumen holen wir dann später." Schließlich wollen die Kinder auf dem Nikolsburger Platz einen Plan besprechen. Vor dem Café geht das nicht. Einige Jungen bleiben zwischen Kaiserallee und Nikolsburger Platz stehen und informieren einer den anderen. Der Dieb steht auf? Der erste Junge sieht es und sagt es dem zweiten, und so weiter bis zum Platz. Gustav organisiert den Nachrichtendienst; Emil, der Professor und die anderen hinter ihnen gehen zum Nikolsburger Platz.

ÜBERLEGUNGEN

Denke über die neue Freundschaft von Emil nach. Welche Adjektive beschreiben Gustav in diesem Kapitel?

kritisch   trocken   lustig   natürlich   großartig   hilfsbereit
dumm   eng   verständnisvoll   traurig   ängstlich   klug
rund   nervös   vorsichtig

Nach dem Lesen • Seite 52
Werte und Gefühle • Seite 78

KAPITEL 4

Ein langer Abend

ie Jungen sitzen im Park am Nikolsburger Platz. Der Professor spielt mit seiner Brille, dann sagt er: „Wir müssen uns wahrscheinlich trennen. Deshalb brauchen wir eine Telefonzentrale. Wer von euch hat ein Telefon?"

Zwölf Jungen haben eins.

„Und wer hat besonders nette Eltern?"

Ein Junge, Dienstag sein Name, sagt: „Wahrscheinlich ich."

„Die Telefonnummer?"

„Bavaria 0579."

Zwanzig Zettel sind schnell da. Jeder schreibt sich die Nummer auf.

Der Professor organisiert weiter: „Dienstag bleibt zu Hause und ist unsere Telefonzentrale. Dann brauchen wir ein paar Jungen hier am Platz. Traugott, du bist der Verbindungsmann: Vielleicht brauchen wir Informationen oder Leute, dann läufst du zwischen Dienstag und dem Nikolsburger Platz hin und her."

KAPITEL 4

Einige Jungen rufen ihre Eltern an: „Heute komme ich spät." Andere gehen nach Hause und fragen den Vater oder die Mutter. Fast alle kommen dann wieder. Sie organisieren auch das Essen: Ein paar Detektive kommen mit Brötchen von zu Hause. Aber wie geht es mit Herrn Grundeis weiter? Alle denken nach. Da fällt Emil etwas sehr Wichtiges ein: Er will seiner Großmutter einen Brief schreiben:

Liebe Großmutter!
Macht euch keine Sorgen. Ich bin in Berlin, aber ich kann noch nicht kommen. Ich muss vorher etwas Wichtiges tun. Fragt nicht und habt keine Angst. Ich komme bald. Der Junge mit dem Brief ist ein Freund. Er weiß, wo ich bin, aber er darf nichts sagen.
Viele Grüße auch an Onkel, Tante und Pony Hütchen
Dein Emil

Ein langer Abend

Emil gibt den Brief an Bleuer weiter. Das ist natürlich ein Junge von der Gruppe. „Sag nichts von dem Geld. Sag auch nicht, wo ich bin und was ich tue."

Jetzt braucht man noch eine Parole. Mit diesem Passwort weiß man: Der andere ist von der Gruppe und kennt die Situation.

„Die Parole ist Emil!" Soweit hat der Professor alles organisiert.

„Ist alles klar? Parole Emil!"

„Parole Emil!", rufen die Jungen und die Passanten wundern sich. Da kommen drei Stafetten vom Café Josty.

„Los!", sagt der Professor. Er, Emil und noch drei Jungen laufen zu Gustav, aber die letzten Meter sind sie sehr vorsichtig. Der Dieb steht auf der anderen Seite der Straße vor dem Café und liest eine Abendzeitung. Plötzlich schließt er sie und winkt. Ein Taxi hält, Herr Grundeis steigt ein und fort ist er.

Schnell haben die Jungen auch ein Taxi. „Sehen Sie das Auto da rechts? Fahren Sie vorsichtig hinterher, Herr Chauffeur!"

„Was passiert?", fragt der Mann.

„Der Typ in dem anderen Taxi ist ein Dieb. Wir wollen ihn fassen¹!"

Am Nollendorfplatz hält das erste Auto, direkt vor dem Hotel Kreid. Der Mann mit dem Hut steigt aus, zahlt und verschwindet. Gustav geht ihm sofort vorsichtig hinterher.

Emil zahlt eine Mark und nun stehen die Jungen in einem großen Hof.

1. fassen:

KAPITEL 4

„Der Hof ist großartig", sagt der Professor. „U-Bahn-Station, Verstecke, Lokale zum Telefonieren. Ein Luxus!"

Emil ist besorgt: „Hoffentlich ist Gustav klug."

Wenig später kommt Gustav zurück: „So, der Dieb bleibt bis morgen im Hotel. Er ist mit dem Liftboy nach oben gefahren[2]. Es gibt keinen zweiten Ausgang. Er ist gefangen."

Ein Junge ruft Dienstag an. Er erzählt ihm alles. Dienstag langweilt sich allein zu Hause.

„Also tschüs, kleiner Dienstag."

„Viel Erfolg, meine Herren. Ach ja: Parole Emil!"

„Parole Emil!"

Es ist 8 Uhr und im Hof klingelt ein Fahrrad. Das ist Pony Hütchen mit Bleuer! Emil stellt seine Cousine vor. Alle wundern sich. Dann fängt Pony an: „Emil, du bist ja unglaublich! Du kommst nach Berlin und sofort ist es wie im Film. Ich bin nur kurz hier. Niemand weiß das. Ich muss auch schnell zurück nach Hause. Morgen früh komme ich wieder. Macht's gut!"

Das geht alles sehr schnell. Die Detektive stehen lange da und sagen nichts. Dann endlich ein Wort vom Professor: „Großartig!"

---

2. ist ... gefahren: Perfekt von *fahren*.

ÜBERLEGUNGEN

1 Warum schreibt Emil seiner Großmutter?
- **a** ☐ Er möchte sie vor allem informieren.
- **b** ☐ Er möchte sie vor allem beruhigen.

2 Warum kommt Pony Hütchen mit Bleuer?
- **a** ☐ Sie will ihr Fahrrad zeigen.
- **b** ☐ Sie hat ihren Cousin gern und will ihn sehen.

Nach dem Lesen • Seite 54
Werte und Gefühle • Seite 78

KAPITEL 5

Hotel Kreid

D ie Zeit vergeht langsam. „Etwas muss passieren. Wir können nicht die ganze Nacht warten", sagt Emil ein bisschen traurig.

Gustav ist sauer: „Wir können nicht einfach zum Portier laufen und sagen: ‚Wir setzen uns auf die Treppe und warten auf den Dieb in Ihrem Haus.' Du, Emil, darfst gar nicht hinein. Der Mann sieht dich, dann ist alles zu Ende."

Emil hat eine Idee. „Gustav, du kannst mit dem Liftboy sprechen. Der kennt bestimmt das Hotel sehr gut. Vielleicht kann er uns helfen."

Der Professor und Gustav wundern sich: Emil ist klug wie ein Berliner! Und so geht Gustav wieder ins Hotel.

Jetzt ist es dunkel, aber die Stadt ist sehr hell. Für Emil ist alles neu: die vielen Lichter, das Konzert von Autos, Bussen, U-Bahn, Straßenbahnen, Fahrrädern. Sehr viele Menschen gehen in die Kinos am Nollendorfplatz.

KAPITEL 5

„Berlin ist großartig. Man denkt, man sitzt im Kino. Aber hier leben möchte ich nicht", sagt Emil zum Professor.

Der antwortet: „Ich verstehe, aber ich bin ein Berliner. Und ich kann nur in Berlin leben."

Emil und der Professor sprechen auch von ihren Eltern.

Emil erzählt von seiner Mutter: „ Meine Mutter ist nicht streng. Ich darf fast alles tun. Aber ich tue es nicht."

„Wie ist das denn möglich?"

„Wir haben nicht viel Geld. Aber ich bekomme so viel Taschengeld wie die anderen Jungen in der Schule. Mutti arbeitet sehr viel. Sie sagt mir, ich soll mit Freunden abends spazieren gehen. Aber ich möchte das nicht. Meine Mutter darf nicht allein in der Küche sitzen und ihr Abendbrot essen. Also bleibe ich zu Hause und sie freut sich bestimmt."

„Meine Eltern sind abends oft nicht zu Hause. Sie sind dann im Theater oder bei Freunden. Auch ich darf fast alles tun und ich weiß: Sie haben mich gern."

So sprechen der Professor und Emil einige Zeit und sie verstehen: Jede Familie ist anders, aber die Liebe ist gleich.

Um 10 Uhr kommen einige Jungen vom Nikolsburger Platz mit Brötchen. Der Professor ruft ärgerlich: „Wieso seid ihr hier? Ihr sollt auf Traugott, den Verbindungsmann von der Telefonzentrale, warten!"

„Traugott ist verschwunden. Wir sind nur neugierig!"

Alle beruhigen sich wieder, da sehen sie von Weitem einen schicken Jungen.

„Das ist doch der Liftboy", meint der Professor und ruft ihm zu: „Bringst du Informationen von unserem Spion Gustav?"

Der Boy im Dunklen ruft zurück: „Jawohl." Da hören alle eine Hupe!

„Leute, seid ihr aber doof!" Das ist Gustav und der erzählt jetzt alles.

„Ich gehe ins Hotel und winke dem Boy. Der kommt zu mir, er hat nichts zu tun. Ich kann ihm die Geschichte von Emil und dem Dieb erzählen. Der Boy hat dann eine großartige Idee, er will uns helfen: Er hat noch eine Uniform und ich kann den zweiten Boy machen. Ich frage ihn: ‚Was sagt denn der Portier?' – ‚Nichts, der ist mein Vater!' So seht ihr mich mit der Uniform, und ich darf sogar mit einem von uns in dem Zimmer für die Hausdiener übernachten."

Der Professor fragt kalt: „In welchem Zimmer wohnt der Dieb?" Gustav ist enttäuscht[1]: „Dich interessiert meine Geschichte also gar nicht. Na, also. Der Boy denkt, Zimmer 61. Ich fahre nach oben und verstecke mich natürlich sofort. Da geht plötzlich die Tür von Nummer 61 auf. Ich grüße den Herrn und – ja, er ist's. ‚Braucht der Herr etwas?' Der Typ staunt etwas, dann antwortet er: ‚Nein, oder doch! Lass mich morgen früh Punkt 8 Uhr wecken. Zimmer

---

1. **enttäuschen:** die Hoffnung einer Person nicht erfüllen.

61. Vergiss es nicht!' – ‚Das vergesse ich garantiert nicht. Punkt 8 klingelt auf Zimmer 61 das Telefon!' Der Mann geht wieder in sein Zimmer und ich komme zu euch."

„Das hast du wirklich großartig gemacht!" Alle sind froh.

„Morgen fassen wir den guten Herrn Grundeis. Jetzt können wir alle schlafen gehen, nicht wahr, Professor?"

„Ja, Emil. Alle ins Bett! Ich rufe schnell noch Dienstag an. Er soll morgen früh alle Jungen zusammenrufen. Dann fahre ich nach Hause."

„Ich gehe mit Gustav ins Hotel schlafen", sagt Emil.

„Der Dieb ist ja schon in seinem Zimmer."

„Morgen um 8 Uhr hier im Hof. Etwas Geld mitbringen", entscheiden Gustav und der Professor. Um 11 schlafen alle, Emil und die Detektive.

ÜBERLEGUNGEN

1 Was versteht der Professor nicht?

   a ☐ „Warum tut Emil nicht alles, was er darf?"
   b ☐ „Warum ist Emils Mutter nicht streng?"

2 Fühlt sich der Professor sehr allein?

   a ☐ Ja, seine Eltern sind fast nie da.
   b ☐ Nein, denn er weiß: Seine Eltern sind für ihn da.

Nach dem Lesen • Seite 56
Werte und Gefühle • Seite 78

KAPITEL 6

Herr Grundeis wird nervös

as Telefon weckt Herrn Grundeis. Er schaut aus dem Fenster und sieht sehr viele Kinder. Das Fenster von Zimmer 61 geht auf den Nollendorfplatz. Fast zwanzig Jungen spielen im Park Fußball. Links stehen noch andere Kinder und am Eingang zur U-Bahn-Station auch mindestens fünfzehn. „Wahrscheinlich Schulferien", ärgert sich der Mann.

Der Professor im Hof ist auch sauer. „Wir wollen den Dieb fangen, wir sind Spione, wir sind vorsichtig – und da haben wir hundert Zuschauer wie im Kino?", ruft er. „Geht und sagt der Bande, sie sollen alle ruhig bleiben und das Hotel nicht beachten!"

Da kommt Emil. „Ich habe vom Portier 10 Mark bekommen. So haben wir noch Geld." Aber das Problem bleibt. Keine Arbeit mehr für Spione.

KAPITEL 6

Emil hat wieder eine großartige Idee. „Wir müssen unsere Taktik ändern. Von allen Seiten und mit allen Kindern verfolgen wir den Dieb. Er soll es merken und nervös werden. Vielleicht gibt er das Geld raus, denn irgendwann sehen die Leute und dann auch die Polizei die Situation und fragen sich, warum."

„Wirklich großartig. So machen wir es!", meint der Professor.

Da klingelt ein Fahrrad. Pony Hütchen ist wieder da, fröhlich wie immer. „Ich bringe euch Brötchen und Kaffee mit. Dann habt ihr etwas zum Frühstück."

Alle Jungen haben schon gefrühstückt, Emil sogar im Hotel. Aber niemand sagt etwas, alle essen die herrlichen Brötchen und trinken Kaffee aus einer Tasse. Auch die Tasse ist von Pony.

Plötzlich hupt es laut. Gustav! „Los. Der Dieb kommt."

Sofort sagt der Professor: „Wir kreisen ihn ein. Hinter ihm Kinder, vor ihm Kinder, links Kinder, rechts Kinder! Ist das klar?"

Herr Grundeis wird nervös

Alles geht wieder sehr schnell. Herr Grundeis kommt aus dem Hotel und da gehen viele Jungen mit ihm. Er geht schnell, die Kinder gehen auch schnell. Herr Grundeis wird nervös. Plötzlich dreht sich der Mann mit dem Hut um (ja, der Hut ist wieder auf seinem Kopf) und geht zurück. Alle Jungen gehen auch zurück. Einer läuft vor den Dieb, der fällt fast und schreit: „Was soll das? Ich rufe die Polizei!"

„Tun Sie das!"

Natürlich tut Herr Grundeis das nicht. Aber er hat eine Idee, vielleicht ist sie großartig.

Herr Grundeis geht in eine Bank. Gustav und der Professor folgen ihm. Emil soll zehn Jungen organisieren, denn Gustav kann in der Bank hupen – dann kommen noch andere Kinder in die Bank.

Da steht der Dieb sofort an der Kasse, der Professor neben ihm, Gustav mit der Hupe dahinter.

„Sie wünschen?", fragt der Kassierer.

„Wollen Sie mir, bitte schön, einen Hundertmarkschein in zwei Fünfziger umtauschen und für 40 Mark Silbermünzen geben?"

Die Scheine liegen jetzt vor dem Kassierer. Da ruft der Professor: „Halt! Das Geld ist nicht von dem Herrn. Das Geld ist gestohlen[1]!"

„Was?", wundert sich der Kassierer.

„Das Geld gehört einem Freund von mir. Der Dieb will es umtauschen. So kann man nichts mehr beweisen."

Gustav hupt dreimal und schon sind Emil und zehn Freunde in der Bank. Der Bankdirektor kommt auch aus seinem Büro.

„Der Herr hat mir 140 Mark gestohlen. Gestern Nachmittag. Im Zug von Neustadt nach Berlin", erklärt Emil. „Das ist Herr Grundeis, gestern ist er in Berlin angekommen und hat im Hotel Kreid übernachtet."

Da lacht der Mann mit dem Hut. „Ich heiße Müller und wohne schon eine Woche hier."

---

1. gestohlen: Partizip von *stehlen*.

Die Situation ist ernst, Emil gegen Herrn Grundeis oder Müller.

„Moment! Die drei Scheine haben ein ganz kleines Loch. Sie steckten mit einer Nadel in meiner Jacke." Der Kassierer kontrolliert und …

„Ja! Der Junge hat recht. Kleine Nadelstiche sehe ich in den Scheinen."

„Und hier ist die Nadel!"

Da läuft der Dieb aus der Bank. Aber mindestens zwanzig Jungen halten ihn fest. Pony Hütchen kommt mit einem Polizisten. Der Kassierer nimmt das Geld und die Nadel und spricht schnell mit dem Mann: „Dieser Herr Müller oder Grundeis ist wahrscheinlich ein Dieb."

Dann gehen alle zur Polizei. Emil und die Detektive, Pony Hütchen, der Kassierer, der Polizist und viele Jungen. Hundert – oder mehr.

ÜBERLEGUNGEN

Welche Adjektive beschreiben Herrn Grundeis?

*sauer   nervös   lang   gemein   offen   böse   laut
wütend   lieb   mutig   intelligent   wichtig   einfach
ehrlich   scharf   glatt   warm   eklig*

Nach dem Lesen • Seite 58
Werte und Gefühle • Seite 78

KAPITEL 7

Schöne Grüße

 ie große Gruppe von Menschen geht zum Polizeiamt. Der Polizist erklärt die Situation, Emil hilft dabei und er muss sagen, wie er heißt und wo er wohnt. Der Polizist im Büro fragt dann den Dieb: „Und wie heißen Sie?"

„Herbert Kießling!"

Man lacht.

„Ruhe", brummt der Büropolizist. „Bald wissen wir mehr."

„Wo waren Sie gestern?"

„In Groß-Grünau, Herr Wachtmeister."

Emil ruft laut: „Das stimmt doch gar nicht!"

Der Wachtmeister wieder: „Ruhe, bald wissen wir mehr." Und dann wieder zum Dieb: „Haben Sie gestern Nachmittag dem Schüler Emil Tischbein aus Neustadt im Zug nach Berlin 140 Mark gestohlen?"

„Ja", gibt der Mann zu. „Der Junge schläft, ein Umschlag liegt auf dem Boden. Ich nehme das Geld, denn ich kann es gut brauchen."

KAPITEL 7

Emil ist wieder sauer. Er sagt laut: „Auch das stimmt nicht. Der Umschlag steckte mit einer Nadel in meiner Jacke."

„Ruhe, bald wissen wir mehr."

Vorsichtig fragt Emil: „Wann bekomme ich denn mein Geld wieder?"

Der Wachtmeister ist jetzt sehr freundlich. „Du fährst jetzt mit der U-Bahn zum Alexanderplatz. Da ist das Polizeipräsidium. Kriminalwachtmeister Lurje wartet auf dich."

Wenige Minuten später kommt ein Auto und fährt den Dieb auch zum Alexanderplatz.

Emil bedankt sich, der Professor sagt allen Kindern vor dem Polizeiamt: „Es ist vorbei. Vielen Dank an alle. Ihr könnt nach Hause gehen."

Emil fährt noch ins Hotel Kreid und gibt dem Portier die 10 Mark zurück. Dann los zum Alexanderplatz. Der Professor und Gustav mit der Hupe fahren mit Emil U-Bahn.

„Also, Emil Stuhlbein. Da bist du ja", spricht Herr Lurje.

„Tischbein heiße ich."

„Komm mit mir zum Kommissar. Der will den kleinen Detektiv kennenlernen." Wenig später: „Herr Kommissar, das ist Emil Fischbein."

„Tischbein heiße ich."

Dem Kommissar erzählt Emil noch einmal alles ganz genau.

„Gut, also hier ist dein Geld."

„Danke. Was passiert denn mit dem Dieb?"

„Wir nehmen seine Fingerabdrücke und kontrollieren alles genau. Vielleicht kennen wir ihn schon. – Großartige Arbeit, ihr jungen Detektive!"

Da klingelt das Telefon. „Ja, kommen Sie nur, interessante Sache für Sie", sagt der Kommissar. Da stehen schon vier Reporter von den Zeitungen im Zimmer.

Emil erzählt den Journalisten wieder die ganze Geschichte. Einer will wissen: „Warum bist du denn nicht sofort zur Polizei gegangen?"

Da fallen Emil das Denkmal und Herr Jeschke ein. Er hat ein bisschen Angst, aber dann erzählt er auch diese Geschichte. Der Kommissar sagt freundlich: „Für diesen Streich kommt unser bester Detektiv nicht ins Gefängnis!"

Emil erkennt einen Mann wieder. „Sie haben mir das Geld in der Straßenbahn gegeben[1]! Tischbein ist mein Name."

„Ich erinnere mich gut. Ich heiße Kästner."

---

1. **haben ... gegeben:** Perfekt von *geben*.

KAPITEL 7

Dann nehmen alle Abschied. Der Professor und Gustav fahren nach Hause. Der Professor ruft Dienstag an und erzählt ihm vom Hotel, von der Bank und so weiter und so fort. Emil soll Herrn Kästner bei der Zeitung noch einige Fragen beantworten, dann fotografiert man den Jungen. Endlich geht Emil. Der Reporter gibt einem Taxifahrer Geld und los geht es: „Emil, lies morgen die Zeitung!" Emil holt im Café Josty die Blumen und den Koffer ab und endlich klingelt er bei seiner Tante Martha.

Alle sind sehr aufgeregt, alle freuen sich. Großmutter bekommt ihr Geld und bedankt sich, Emil darf noch 20 Mark behalten. Die Blumen sind leider trocken², aber das macht nichts. Die ganze Familie ist glücklich. Zum Mittagessen gibt es Emils Lieblingsgericht: Makkaroni mit Schinken. Danach darf Emil das Fahrrad von Pony Hütchen fahren. Da kommt ein Polizist. „Ich muss zur Schumannstraße 15, Familie Heimbold. Da wohnt Emil Tischbein."

„Das bin ich. Wir gehen zusammen nach oben."

In der Wohnung erzählt der Polizist: „Der Dieb ist in ganz Deutschland bekannt. Viele Banken kennen ihn leider gut. Aber das Geld ist wieder da und eine Bank möchte eine Prämie geben. 1000 Mark. Die sind für dich, Emil. Und schöne Grüße vom Kommissar!"

---

2. trocken: das Gegenteil von *nass*.

ÜBERLEGUNGEN

1 Gedanken: Was ist richtig?

- a ☐ Der Dieb denkt an das Geld.
- b ☐ Emil denkt an das Fahrrad.
- c ☐ Die Journalisten denken an die Leser.
- d ☐ Die Großmutter denkt an die Blumen.

Nach dem Lesen • Seite 60
Werte und Gefühle • Seite 78

KAPITEL 8

Ein Fest für alle

In Neustadt klingelt es am nächsten Morgen bei Frau Tischbein, Emils Mutter. Frau Wirth begrüßt die Friseurin. „Guten Tag, Frau Tischbein. Wie geht es?"

„Guten Tag, Frau Wirth. Ich bin besorgt, ich habe keine Nachrichten von Emil. Er ist schon zwei Tage in Berlin. Vielleicht ist etwas passiert. Aber soll ich Ihnen die Haare waschen?"

Aber Frau Wirth hat eine Nachricht. „Nein, die Haare sind in Ordnung. Etwas Wichtiges: Viele Grüße von Emil! Sie sollen Ihre Schwester anrufen."

Sofort spricht Frau Tischbein mit ihr: „Keine Sorge, Emil geht es sehr gut! Alles ist in Ordnung. Komm schnell nach Berlin, dann erzähle ich dir alles."

Natürlich wundert sich Frau Tischbein sehr. „Was hat der Junge nur gemacht?", fragt sie sich, aber eigentlich ist die Mutter sehr froh. Wenig später sitzt sie im Zug nach Berlin. Der fährt langsam, viel zu langsam. Ihr gegenüber liest ein Herr Zeitung. Plötzlich ruft die Frau: „Oh, was ist das denn? Das – ist – ja – mein – Junge!"

Ein Fest für alle

Richtig, auf einem Foto sieht sie Emil, darüber steht ein großer Titel: „HUNDERT BERLINER KINDER HINTER DEM DIEB HER". Der Herr schenkt Frau Tischbein die Zeitung. Sie liest den Artikel elfmal und endlich steigt sie in Berlin Friedrichstraße aus.

Da steht Emil schon. Er umarmt seine Mutter. Und sie: „Dein Anzug ist aber auch nicht mehr so gut. War das der Dieb?" Frau Tischbein ist aber überhaupt nicht böse.

Der Sohn antwortet ganz ruhig: „Ich kann einen neuen Anzug bekommen. Ein Kaufhaus will den Detektiven und mir Anzüge schenken. Dann machen sie dafür in der Zeitung Reklame."

„Ich verstehe."

„Aber wir wollen nicht. Andere wollen uns Fußbälle schenken. Das ist alles doof¹. Erwachsene machen so etwas. Wir Kinder lassen das lieber."

„Bravo!", freut sich die Mutter.

„Onkel Heimbold hält jetzt das Geld. 1000 Mark! Wir kaufen dir ein elektrisches Gerät zum Haare Trocknen. Und einen schönen Wintermantel!"

„Ich glaube, wir bringen das Geld zur Bank."

„Nein, du sollst das Gerät und den Mantel bekommen. Mit dem Rest machen wir, was du willst."

„Wir sprechen später noch einmal über die 1000 Mark, Emil."

In der Schumannstraße gibt es ein großes Fest. Gustav, der Professor, der kleine Dienstag, Traugott und alle anderen Detektive sitzen um den großen Tisch und essen den leckeren Apfelkuchen von Tante Martha. Pony Hütchen schenkt heiße Schokolade ein. Da steht die Großmutter auf und hält eine Rede: „Hundert Kinder fangen einen Dieb. Das ist gut und schön. Hier sitzt ein Junge, der wollte vielleicht dabei sein. Dieser Junge war aber zwei Tage zu Hause, neben seinem Telefon. Das war seine Aufgabe und die war gar nicht einfach."

---

1. doof: nicht intelligent.

KAPITEL 8

Alle schauen den kleinen Dienstag an. „Ja, den meine ich", spricht die Großmutter weiter. „Also, er war großartig. Jetzt stehen wir alle auf und rufen: Der kleine Dienstag, er lebe hoch!" Und alle stehen auf und rufen: „Er lebe hoch! Hoch! Hoch!" Dienstag sagt nur: „Danke schön, aber alle Menschen tun das. Ein richtiger Junge tut, was er soll. Klar!"

Am Abend gehen die Jungen. Emil verspricht: „Morgen kommen Pony und ich zum Professor. Dann sehen wir uns alle wieder."

Später gibt Onkel Heimbold Emils Mutter die 1000 Mark. „Es ist besser, du bringst das Geld zur Bank."

Noch einmal erklärt Emil: „Ich will für Mutti ein Gerät für die Haare und einen Mantel kaufen."

Pony sagt dazu noch: „Und für Emil ein Fahrrad."

„Lässt sich aus der Geschichte etwas lernen?", fragt Tante Martha.

Emil antwortet: „Ja, man soll keinem Menschen glauben."

Seine Mutter: „Kinder dürfen nicht allein im Zug fahren."

Da sagt die Großmutter ihre Meinung: „Das stimmt alles nicht!"

„Also haben wir nichts gelernt?"

„Doch! Keine Geldscheine in der Tasche! Man lässt Geld nur von einem Konto auf ein anderes schicken."

Alle lachen und jetzt können die lustigen Ferien in Berlin beginnen!

ÜBERLEGUNGEN

1 Was ist für Emil sehr wichtig?
- a ☐ Der Dieb ist bei der Polizei und er hat viel Geld.
- b ☐ Er ist bei seiner Familie und hat neue Freunde.

2 Was ist für die Großmutter sehr wichtig?
- a ☐ Sie bekommt Geld und kann feiern.
- b ☐ Emil ist gesund und er hat großartige Freunde.

Nach dem Lesen • Seite 62
Werte und Gefühle • Seite 78

▶ Kinderferienkolonie der jüdischen Gemeinde in Berlin, 1937: Kinder spielen „Mensch ärgere dich nicht".

Spielen mit Emil und den Detektiven

Die Geschichte von Emil und seinen Freunden in Berlin spielt um das Jahr 1929. Es ist die Zeit der Weimarer Republik. Nach dem Ersten Weltkrieg und einer großen Wirtschaftskrise in der jungen Republik Deutschland geht es den Menschen endlich besser. In der Erzählung über Emil liest du: Berlin ist eine moderne und lebendige Stadt. Die Kinder scheinen fröhlich. Sogar der Dieb ist ein eleganter Herr.

Wie verbringt man in dieser historischen Zeit seine Freizeit? Es gibt noch keine Computer und noch keine Smartphones. Aber Spiele sind so alt wie die Menschheit und in der Weimarer Republik spielt man natürlich auch. In Deutschland gibt es die alte Tradition der Brettspiele: Schach und Dame spielen alle immer gern. Doch erfinden die Deutschen auch gern Spiele.

„Fang den Hut" ist ein Würfelspiel; es erscheint 1927 – also erst zwei Jahre vor *Emil und die Detektive*. Heute ist es ein Klassiker und man spielt „Fang den Hut" in der ganzen Welt. In den 1920er Jahren spielt man auch „Mensch ärgere dich nicht", das ein Deutscher um 1907 erfindet. Das „Sternhalma" ist nicht viel älter. In keiner Familie fehlen diese drei deutschen Spiele vor 90 Jahren und heute gibt es sie noch immer. Übrigens gibt es *Emil und die Detektive* auch als Spiel. Seit 1931 sind drei Versionen erschienen.

Gern spielt man um 1929 auch draußen: auf der Straße, in den Höfen, im Garten. Klar: Ein Ball kann nicht fehlen, aber man spielt auch mit dem Kreisel[1], mit Murmeln[2], mit dem Jo-Jo und dem Diabolo. Oft spielen die Kinder mit einem Reifen, sogar mit alten Fahrradreifen. Mit einem Stock schlägt man ihn – natürlich darf der Reifen nicht umfallen. Du siehst: Auch ohne Videospiele kann man Spaß haben!

1. **r Kreisel (-):** ein Spielzeug, das mit seiner unteren Spitze auf dem Boden steht und sich schnell dreht.
2. **e Murmel (-n):** eine kleine Kugel, oft aus Glas, mit der man im Sand oder auf der Straße spielt.

▶ „Fang den Hut" ist auch heute sehr beliebt.

▶ „Sternhalma" erinnert etwas an Dame.

1 Textverständnis • Was ist richtig (R), was ist falsch (F)?

                                                                                                     R   F

1. Berlin ist um 1929 arm und langweilig. ☐ ☐
2. Der Computer ist 1929 noch nicht erfunden. ☐ ☐
3. Nur alte Leute spielen Schach. ☐ ☐
4. „Fang den Hut" spielt man nicht nur in Deutschland. ☐ ☐
5. 1929 darf man auf der Straße nicht spielen. ☐ ☐
6. Nur mit Videospielen haben Kinder Spaß. ☐ ☐

2 Wortschatz • Setze das richtige Wort ein.

> Fahrrad   um   ruhig   genug   Hupe   weniger
> leichten   glücklich   einfach

Nach dem Ersten Weltkrieg sind es keine (**1**)........................ Jahre. (**2**)........................ 1929 bessert sich die Situation in Deutschland. Es gibt (**3**)........................ Schwierigkeiten und die Menschen sind (**4**)........................ . Wie Pony Hütchen mit ihrem (**5**)........................ und Gustav mit der (**6**)........................ spielen Millionen Kinder in Deutschland und sind (**7**)........................ . Die Spiele sind (**8**)........................ , aber für Jung und Alt ist das (**9**)........................ .

Emil und die Detektive *im Film*

- Deutscher Titel: *Emil und die Detektive*
- Regie: Gerhard Lamprecht
- Drehbuch: Erich Kästner, Billie Wilder
- Produktionsland: Deutschland
- Erscheinungsjahr: 1931

Vom Roman *Emil und die Detektive* gibt es viele Filme. Wir sprechen hier von zwei deutschen Verfilmungen. 1931 wird der erste Film gedreht, erst zwei Jahre nach dem Buch! Einige Unterschiede sind groß. Der Dieb gibt Emil im Zug ein Bonbon mit Schlafmittel. Im Hotel ist Emil ein Dienstjunge, nicht Gustav. Emil

Im Kino

ist sogar im Zimmer von Herrn Grundeis, versteckt sich unter seinem Bett. Emil nimmt die Geldtasche, aber das Geld ist im Hut! In der Bank sind nur Emil und der Dieb.

Sehr interessant sind die Bilder von Berlin im Jahr 1931. 14 Jahre später ist die große Metropole total zerstört, aber im Film sehen wir ihre originale Schönheit. Herr Grundeis ist im alten Café Josty. Heute gibt es ein Café Josty am Potsdamer Platz, aber das ist vor allem ein Lokal für Touristen und Schauspieler. Man sieht im Film noch die alten Straßenbahnen, die Taxis, sogar Pferde auf der Straße.

Traurig ist die Geschichte der Schauspieler. Die Darsteller von Emil (Rolf Wenkhaus), Gustav mit der Hupe (Hans Joachim Schaufuß) und dem kleinen Dienstag (Hans Löhr) sind im Zweiten Weltkrieg sehr jung gestorben. Bekannt ist nach dem Krieg vor allem „Der fliegende Hirsch" (Hans Richter), eine Figur, die im Buch Bleuer heißt. Er bringt im Film der Großmutter nicht nur einen Brief von Emil, sondern auch den Koffer und trockene Blumen. Über die Freundschaft zwischen Erich Kästner und Hans Löhr wurde 2016 ein Film gedreht: *Kästner und der kleine Dienstag*.

- Deutscher Titel: *Emil und die Detektive*
- Regie: Robert A. Stemmle
- Drehbuch: Robert A. Stemmle
- Produktionsland: Deutschland
- Erscheinungsjahr: 1954

Im Jahr 1954 gibt es einen zweiten deutschen Film über *Emil und die Detektive*. Hier sieht man das neue Berlin nach dem Krieg. Man will die Modernität zeigen, man soll den Krieg vergessen. Der Film ist in Farbe. Sehr viele Szenen sind wie im ersten Film. Emil ist der Hoteldiener. Das Geld ist auch hier nicht in der Geldbörse von Herrn Grundeis, sondern in seinem Hut. Vielleicht ist der ganz wichtige Unterschied das Versteck: nicht mehr ein alter Hof, sondern die Gedächtniskirche. Man sieht viele Details. Einige gibt es heute nicht mehr.

Am Ende fliegen die Mutter und andere Personen mit einem modernen Flugzeug von Neustadt nach Berlin. Es gibt jetzt Westberlin, das ist ganz neu.

1954 ist Westberlin nicht die Hauptstadt von Westdeutschland, sondern es ist Bonn. Aber Ostberlin ist die Hauptstadt von Ostdeutschland. Es gibt noch keine Mauer, aber die Stadt ist geteilt, ganz Deutschland ist schon geteilt.

1 Das Foto auf Seite 44 zeigt eine Szene aus dem Film von 1931. Welcher Satz passt zu dem Bild?

- a ☐ Gustav und ein Herr stehen beim Portier im Hotel Kreid.
- b ☐ Emil und Herr Grundeis sind in der Bank.
- c ☐ Der Dieb zeigt Gustav einen Geldschein.

2 Auf dem Foto hier oben siehst du eine Szene aus dem Film von 1954. Wer sitzt da?

- a ☐ Emil.
- b ☐ Pony Hütchen.
- c ☐ Der Liftboy.
- d ☐ Dienstag.

Übungen

48 **Nach dem Lesen**

Kapitel 1	48
Kapitel 2	50
Kapitel 3	52
Kapitel 4	54
Kapitel 5	56
Kapitel 6	58
Kapitel 7	60
Kapitel 8	62

64 Hör weiter zu

66 Im Internet

68 Fit in Deutsch 1

74 Abschlusstest

78 Werte und Gefühle

Kapitel 1

NACH DEM LESEN

1 Textverständnis • Ordne die Sätze in die richtige zeitliche Reihenfolge.

a ☐ Mutter und Sohn essen zu Mittag.
b ☐ Emils Mutter packt den Koffer.
c ☐ Polizeiwachtmeister Jeschke spricht mit Emil und Frau Tischbein.
d ☐ Frau Tischbein weint ein bisschen.
e ☐ Frau Tischbein wäscht Frau Wirth die Haare.
f ☐ Emil malt ein Denkmal an.
g ☐ Emil fährt mit der Mutter zum Bahnhof.
h ☐ Die Mutter kauft ein Ticket.
i ☐ Frau Tischbein gibt Emil Geld.
j ☐ Der Zug fährt ab.

2 Textverständnis • Setze die richtigen Adjektive ein.

> langsam   traurig   lecker   toll   schnell   pünktlich   freundlich

1. Frau Tischbein ist etwas ....
2. Der Polizist ist ....
3. Berlin ist ....
4. Die Pferdebahn ist ....
5. Der Zug ist ....
6. Kinder und Mäuse sind ....
7. Makkaroni mit Schinken sind ....

Das Präsens

„Emil **wohnt** in Neustadt."

Verben im Präsens benutzt du, wenn etwas in der Gegenwart, also jetzt, passiert.

ich	wohn**e**	wir	wohn**en**
du	wohn**st**	ihr	wohn**t**
er, sie, es	wohn**t**	sie, Sie	wohn**en**

Einige Verben sind unregelmäßig.   Frau Tischbein **wäscht** die Haare.

ich	wasch**e**	wir	wasch**en**
du	w**ä**sch**st**	ihr	wasch**t**
er, sie, es	w**ä**sch**t**	sie, Sie	wasch**en**

3 Grammatik • Setze das Verb im Präsens ein.

1. Wir .... (*fahren*) nach Berlin.
2. Frau Tischbein .... (*erklären*) alles.
3. Plötzlich .... (*stehen*) Herr Jeschke da.
4. Emil .... (*freuen*) sich auf die Reise.
5. Frau Tischbein .... (*gehen*) nach Hause.
6. .... (*ziehen*) du bitte eine Jacke an?

4 Grammatik • Setze das passende unregelmäßige Verb ein und konjugiere es.

1. Emil .... seiner Mutter.
2. Die Mutter .... Emil Geld.
3. Da .... eine Maus hinter den Schrank.
4. Wir .... einen Zug nach Dresden.
5. .... ihr auch in die Hauptstadt?
6. Ich .... leider das Handy nicht.

a fahren (*du fährst, er fährt*)
b laufen (*du läufst, er läuft*)
c geben (*du gibst, er gibt*)
d finden (*du findest, er findet*)
e helfen (*du hilfst, er hilft*)
f nehmen (*du nimmst, er nimmt*)

5 Wortschatz • Verbinde.

1. Jacke
2. Zug
3. besorgt
4. Geld

a ☐ Euro
b ☐ Anzug
c ☐ Bahnhof
d ☐ ängstlich

6 Schreibübung • Beantworte die Fragen mit ganzen Sätzen.

1. Wohin fährt Emil?
2. Wie viel Geld nimmt Frau Tischbein aus der Dose?
3. Wer ist Herr Jeschke?
4. Wie bewegt sich eine Pferdebahn?
5. Wo muss Emil aussteigen?
6. Wer wartet zu Hause auf Frau Tischbein?

Kapitel 2

NACH DEM LESEN

1 Textverständnis • Was ist richtig (R), was ist falsch (F)?

		R	F
1.	Im Zugabteil sitzen zwei Damen und drei Herren.	☐	☐
2.	Emil denkt: „Die Menschen sind oft zufrieden."	☐	☐
3.	Emil nimmt sich ein Stück Schokolade.	☐	☐
4.	Herr Grundeis trägt einen Hut.	☐	☐
5.	Herr Grundeis steigt mit den Damen aus.	☐	☐
6.	Emil träumt von Pony Hütchen.	☐	☐
7.	Der Traum ist nicht schön.	☐	☐
8.	Das Geld und die Nadel sind weg.	☐	☐
9.	Emil steigt am Bahnhof Friedrichstraße aus.	☐	☐
10.	Emil verfolgt vorsichtig den Dieb.	☐	☐

2 Textverständnis • Wähle das richtige Wort.

1. Der Herr mit dem *Hut / Ring* heißt Grundeis.
2. Das Geld ist in Emils *Hose / Jacke*.
3. In Berlin gibt es *Windmühlen / Hochhäuser*.
4. Im Traum springt Emil auf eine *Straßenbahn / Wiese*.
5. Wachtmeister Jeschke will Emil *waschen / fangen*.
6. Emil informiert die Polizei *sofort / nicht*.

Inversion

„Emil träumt. Im Traum **fährt** sein Zug sehr schnell im Kreis."

Ein Hauptsatz kann mit einem Subjekt beginnen. Am Anfang kann aber auch ein anderes Element stehen, zum Beispiel ein Adverb oder eine Dativ- oder Akkusativergänzung. Dann sprechen wir von Inversion. Das Subjekt steht jetzt nach dem Verb.

Ich spreche heute mit Emil. → *Heute spreche ich mit Emil.*
Mit Emil spreche ich heute.

Nicht: *Heute mit Emil spreche ich.*   **Nicht:** *Heute ich spreche mit Emil.*

3 Grammatik • Wähle den richtigen Satz.

1. a ☐ Gern nimmt Emil ein Stück Schokolade.
   b ☐ Gern Emil nimmt ein Stück Schokolade.
2. a ☐ Im Traum der Zug fährt sehr schnell.
   b ☐ Im Traum fährt der Zug sehr schnell.
3. a ☐ Herr Jeschke sitzt vorne.
   b ☐ Vorne Herr Jeschke sitzt.
4. a ☐ In der Jacke ist nur die Nadel.
   b ☐ In der Jacke die Nadel ist nur.
5. a ☐ Herr Grundeis vor Emil geht.
   b ☐ Vor Emil geht Herr Grundeis.
6. a ☐ Vorsichtig hinter dem Mann läuft Emil her.
   b ☐ Vorsichtig läuft Emil hinter dem Mann her.
7. a ☐ Im Zug fahre ich nicht mehr allein.
   b ☐ Allein ich fahre nicht mehr im Zug.
8. a ☐ Bald schicken wir das Geld auf dein Bankkonto.
   b ☐ Das Geld bald schicken wir auf dein Bankkonto.

4 Wortschatz • Setze das richtige Wort ein.

Treppe   endlich   spazieren   Gefühl   sparen   stechen   fahren   schlimm

1. Für den Urlaub müssen wir noch viel ....
2. Wir .... gern mit euch durch den Park.
3. .... Sie bitte langsam!
4. Die .... führt zum Lehrerzimmer.
5. Ich habe jetzt wirklich kein gutes ....
6. Diese Insekten ....
7. Hoffentlich ist die Situation nicht ....
8. .... bin ich fertig!

Kapitel 3

NACH DEM LESEN

1 Textverständnis • Welche Antwort ist richtig?

1. Mit welchem Verkehrsmittel fahren Emil und der Dieb weiter?
   - a ☐ Mit dem Taxi.
   - b ☐ Mit der Pferdebahn.
   - c ☐ Mit der Straßenbahn.

2. Wer gibt Emil das Geld für das Ticket?
   - a ☐ Ein freundlicher Herr.
   - b ☐ Eine nette Dame.
   - c ☐ Der Schaffner.

3. Wer wartet im Bahnhof Friedrichstraße auf Emil?
   - a ☐ Die Polizei.
   - b ☐ Die Großmutter und die Cousine.
   - c ☐ Die Tante und Pony Hütchen.

4. Was will Pony Hütchen machen?
   - a ☐ Emils Mutter informieren.
   - b ☐ Später noch einmal zum Bahnhof gehen.
   - c ☐ Zur Polizei gehen.

5. Was tut Herr Grundeis?
   - a ☐ Er sitzt in einem Café.
   - b ☐ Er sucht ein Hotel.
   - c ☐ Er steigt in die U-Bahn.

6. Warum ist Gustav in seinem Berliner Viertel bekannt?
   - a ☐ Er hat eine laute Hupe.
   - b ☐ Er hat einen feinen Anzug.
   - c ☐ Er hat ein neues Fahrrad.

7. Wer ist „der Professor"?
   - a ☐ Ein Kellner im Café.
   - b ☐ Ein Freund von Herrn Grundeis.
   - c ☐ Ein Freund von Gustav.

8. Was tut Gustav mit dem Koffer und den Blumen von Emil?
   - a ☐ Er gibt sie einem Wachtmeister.
   - b ☐ Er gibt sie einem Freund.
   - c ☐ Er gibt sie einem Kellner im Café.

2 Schreibübung • Beantworte die Fragen mit ganzen Sätzen.

1. Hat Emil in der Straßenbahn ein Problem? Wenn ja, welches?
2. Wie fühlen sich Ponys Eltern zu Hause?
3. Wer will Emil helfen?
4. Haben die Jungen Angst?
5. Was tun die Jungen als erstes?
6. Wo ist das Café Josty und wo wollen die Jungen ihren Plan besprechen?

3 Wortschatz • Welches Wort passt nicht?

1. Bahnhof – Zug – Flugzeug – abfahren – ankommen
2. zahlen – Rechnung – Geld – teuer – erklären
3. holen – nehmen – geben – schreiben – bekommen
4. Stuhl – Blume – Wiese – Baum – Rose
5. Platz – Allee – Haus – Straße – Weg
6. Koffer – Tasche – Tüte – Hund – Kiste
7. Auto – Wagen – Kino – Motor – Hupe
8. Flasche – Zeitung – Buch – Magazin – Internet

4 Wortschatz • Verbinde.

1.	Emil sitzt	a	☐	aus dem Zug.
2.	Pony wartet	b	☐	manchmal dumm.
3.	Gustav hat	c	☐	den Koffer und die Blumen ab.
4.	Gustav gibt	d	☐	eine Lösung.
5.	Jungen sind	e	☐	in der Straßenbahn.
6.	Niemand weiß	f	☐	eine halbe Stunde.
7.	Der Herr zahlt	g	☐	eine Hupe.
8.	Viele Leute steigen	h	☐	den Fahrpreis.

Kapitel 4

NACH DEM LESEN

1 Textverständnis • **Wer denkt oder sagt was? Der Professor (P), Emil (E) oder eine Mutter (M)?**

	P	E	M
1. Wir brauchen ein Telefon.	☐	☐	☐
2. Wann kommt der Junge zurück?	☐	☐	☐
3. Ich muss einen Brief schreiben.	☐	☐	☐
4. Großmutter macht sich bestimmt Sorgen.	☐	☐	☐
5. Ich mache ein paar Brötchen.	☐	☐	☐
6. Ein toller Hof!	☐	☐	☐
7. Das ist ja Pony!	☐	☐	☐
8. Hoffentlich passiert den Kindern nichts!	☐	☐	☐

2 Textverständnis • **Verbinde.**

1. Zwölf Jungen
2. Vielleicht brauchen
3. Einige Jungen rufen
4. Jetzt brauchen die
5. Der Dieb
6. Der Taxifahrer
7. Emil stellt
8. Endlich sagt

a ☐ zu Hause an.
b ☐ der Professor etwas.
c ☐ haben ein Telefon.
d ☐ steht vor dem Café.
e ☐ fährt los.
f ☐ Kinder ein Passwort.
g ☐ die Jungen Informationen.
h ☐ Pony Hütchen vor.

3 Schreibübung • **Beantworte die Fragen mit ganzen Sätzen.**

1. Wo bleibt Dienstag?
2. Wem schreibt Emil einen Brief?
3. Wer ist Bleuer?
4. Wie heißt das Passwort?
5. Was tut der Dieb vor dem Café Josty?
6. Wo hält das Taxi mit Herrn Grundeis?
7. Wie viel kostet die Taxifahrt von Emil und den Detektiven?
8. Warum ist der Hof am Nollendorfplatz großartig?

Personalpronomen im Nominativ und Akkusativ

„Der Typ in dem anderen Taxi ist ein Dieb. Wir wollen *ihn* fassen!"

Im Nominativ oder Akkusativ können Artikel, Adjektive, Substantive und Pronomen stehen. Hier findest du die Personalpronomen.

Nominativ	Akkusativ	Nominativ	Akkusativ
ich	mich	wir	uns
du	dich	ihr	euch
er	ihn	sie	sie
sie	sie	Sie	Sie
es	es		

4 Grammatik • Setze das Personalpronomen im Nominativ oder Akkusativ ein.

1. Wir bewundern .... (*ihr*).
2. Ruf .... (*ich*) bitte an.
3. Das Mädchen grüßt .... (*der Professor*).
4. Alle bewundern .... (*Pony Hütchen*).
5. Kann ich .... (*du*) etwas fragen?
6. .... (*ich*) komme heute spät.
7. .... (*den Detektiv*) kennt der Dieb noch nicht.
8. Ich suche .... (*das Geld*).

5 Wortschatz • Setze das richtige Wort ein.

1. Ich sehe nicht gut. Vielleicht brauche ich eine ....
2. Zu Weihnachten schreibe ich den Großeltern immer einen ....
3. Ich möchte dich anrufen, aber ich habe deine .... nicht.
4. Alles ist in Ordnung, mach dir keine ....
5. In einem .... kannst du viele Tiere aus der ganzen Welt bewundern.
6. Wir schlafen heute Nacht in einem Vier-Sterne................... .

Kapitel 5

NACH DEM LESEN

1 Textverständnis • Welche Antwort ist richtig?

1. Emil steht am Nollendorfplatz und ist
   - a ☐ lustig.
   - b ☐ freundlich.
   - c ☐ traurig.

2. Die Idee mit Gustav und dem Liftboy ist
   - a ☐ von Gustav.
   - b ☐ von Emil.
   - c ☐ vom Professor.

3. Am Nollendorfplatz gibt es viele
   - a ☐ Pferde.
   - b ☐ Hochhäuser.
   - c ☐ Menschen.

4. Die Eltern vom Professor sind
   - a ☐ fast immer zu Hause.
   - b ☐ oft nicht zu Hause.
   - c ☐ oft im Hotel.

5. Einige Jungen kommen mit
   - a ☐ Brötchen.
   - b ☐ Kaffee.
   - c ☐ Traugott.

6. Gustav spricht mit
   - a ☐ der Polizei.
   - b ☐ dem Dieb.
   - c ☐ dem Portier.

7. Im Hotel schlafen
   - a ☐ Dienstag und der Professor.
   - b ☐ Emil und Gustav.
   - c ☐ der Professor und der Dieb.

8. Am nächsten Tag wollen sich die Kinder
   - a ☐ am Morgen treffen.
   - b ☐ um 11 Uhr treffen.
   - c ☐ am Mittag treffen.

2 Textverständnis • Welches Adjektiv passt zu Gustav (G), dem Professor (P) oder Emil (E)? Manchmal gibt es nicht nur eine Möglichkeit.

	G	P	E
1. traurig	☐	☐	☐
2. lustig	☐	☐	☐
3. vorsichtig	☐	☐	☐
4. kalt	☐	☐	☐
5. mutig	☐	☐	☐
6. klug	☐	☐	☐

3 Textverständnis • Beantworte die Fragen mit ganzen Sätzen.

1. Welche Idee hat Emil?
2. Wie ist Gustav später gekleidet?
3. Wo kann Gustav schlafen?
4. Um wie viel Uhr will der Dieb aufstehen?
5. Wer oder was weckt den Dieb?
6. Was sollen die Kinder am nächsten Tag mitbringen?

4 Wortschatz • Verbinde.

1. Der Liftboy hilft   a ☐ eine Information.
2. Emil bekommt   b ☐ die laute Hupe.
3. Die Eltern sind   c ☐ den Jungen.
4. Die Kinder sprechen   d ☐ auf dem Zimmer.
5. Alle hören   e ☐ fast eine Stunde.
6. Das Telefon klingelt   f ☐ nicht zu Hause.
7. Um 11 Uhr schlafen   g ☐ auf einen Freund warten.
8. Die Jungen sollen   h ☐ alle.

Kapitel 6

NACH DEM LESEN

1 Textverständnis • Ordne die Sätze in die richtige zeitliche Reihenfolge.

- a ☐ Herr Grundeis heißt jetzt Herr Müller.
- b ☐ Ein Kassierer spricht mit einem Polizisten.
- c ☐ Es gibt ein zweites Frühstück.
- d ☐ Herr Grundeis wird wach.
- e ☐ Emil zeigt eine Nadel.
- f ☐ Der Professor möchte nicht so viele Kinder sehen.
- g ☐ Herr Grundeis will die Polizei rufen.
- h ☐ Emil erklärt seinen tollen Plan.

2 Textverständnis • Verbinde.

1.	Pony ist wie	a	☐	Gustav in der Bank.
2.	Es gibt	b	☐	nur eine Tasse.
3.	Herr Grundeis geht	c	☐	die drei Scheine.
4.	Gustav und der Professor	d	☐	immer fröhlich.
5.	Dreimal hupt	e	☐	schnell zur Bank.
6.	Der Kassierer kontrolliert	f	☐	zur Polizei.
7.	Alle gehen	g	☐	folgen dem Dieb.

Negation

„Das Geld ist *nicht* von dem Herrn. Das Geld ist gestohlen!"
„*Keine* Arbeit mehr für Spione."

- **nicht** verneint ein Substantiv mit *der*, *die*, *das*, Adjektive, Verben oder den ganzen Satz.
  Ich verstehe das Problem **nicht**.
- **kein** verneint nur ein Substantiv mit *ein*, *eine* oder ohne Artikel.
  Das ist ein Tisch, das ist **kein** Stuhl.

  kein ist ein Artikel und funktioniert im Nominativ und Akkusativ wie *ein*, *eine*, *ein*.

	Nominativ	Akkusativ
M	kein	kein**en**
F	kein**e**	kein**e**
N	kein	kein
Pl	kein**e**	kein**e**

3 Grammatik • Wähle den richtigen Satz.

1. a ☐ Ich fahre nicht mit dem Bus.
   b ☐ Ich fahre kein mit dem Bus.
2. a ☐ Wir brauchen Geld nicht.
   b ☐ Wir brauchen kein Geld.
3. a ☐ Die Brötchen schmecken nicht schlecht.
   b ☐ Die Brötchen schmecken kein schlecht.
4. a ☐ Ich trinke keinen Kaffee.
   b ☐ Ich trinke Kaffee nicht.
5. a ☐ Heute Morgen ist nicht schönes Wetter.
   b ☐ Heute Morgen ist kein schönes Wetter.
6. a ☐ Warum rufen Sie keine die Polizei?
   b ☐ Warum rufen Sie nicht die Polizei?
7. a ☐ Ich habe nicht Silbermünzen.
   b ☐ Ich habe keine Silbermünzen.
8. a ☐ Geht ihr heute nicht in die Schule?
   b ☐ Geht ihr heute in keine Schule?
9. a ☐ Die Kinder schlafen diese Nacht nicht zu Hause.
   b ☐ Die Kinder schlafen diese Nacht kein zu Hause.
10. a ☐ Pony hat keine Angst.
    b ☐ Pony nicht hat Angst.

4 Wortschatz • Setze die fehlenden Buchstaben ein.

1. Das sind ja g_ _ß_ _ _i_ e Brötchen!
2. Der Hut sitzt immer auf dem K_ _ f von Herrn Grundeis.
3. Der Dieb _ _ h_ _ _ _t laut.
4. „Wie kann ich Ihnen h _ _ f _ _?"
5. „Das Geld g_ _ _ r _ nicht Ihnen!"
6. In den Sc_ e _ _e _ sind Löcher.
7. Emil findet die Nadel in seiner J _ c _ e.
8. Wir g _ _ e _ alle mit zur Polizei.

Kapitel 7

NACH DEM LESEN

1 Textverständnis • Was ist richtig (R), was ist falsch (F)?

R F

1. Der Dieb heißt Müller.
2. Der Dieb war in Groß-Grünau.
3. Emil fährt mit dem Taxi zum Alexanderplatz.
4. Im Polizeipräsidium wartet jemand auf Emil.
5. Dienstag und Gustav fahren mit Emil.
6. Der Dieb gibt Emil sein Geld zurück.
7. Herr Kästner ist ein Journalist.
8. Emil holt die Blumen und den Koffer im Hotel ab.
9. Niemand kennt den Dieb.
10. Emil bekommt eine Prämie.

2 Textverständnis • Verbinde.

1. Bald verstehen wir die Situation
2. Der Umschlag steckt in der
3. Der Wachtmeister ist
4. Für die Journalisten ist die Geschichte
5. Jemand fotografiert den
6. Die Blumen sind
7. Die Makkaroni schmecken
8. Die Prämie von 1000 Mark ist

a. freundlich.
b. lecker.
c. besser.
d. interessant.
e. Jacke.
f. hoch.
g. Jungen.
h. trocken.

3 Textverständnis • Setze die Verben im Präsens ein.

> erzählen freuen beantworten gehen sein warten besuchen bekommen

Alle (**1**) ……………… zum Polizeiamt. Da (**2**) ……………… schon ein Polizist. Der Dieb (**3**) ……………… seine Geschichte, Emil seine Wahrheit. Im Polizeipräsidium (**4**) ……………… Emil sein Geld. Bei der Zeitung (**5**) ……………… er noch einige Fragen. Endlich (**6**) ……………… Emil bei seiner Großmutter. Sie (**7**) ……………… sich wirklich sehr. Später (**8**) ……………… ein Polizist die Familie.

Modalverben *müssen, können, wollen*

„Vielen Dank an alle. Ihr **könnt** nach Hause gehen."

müssen, *können* und *wollen* sind Modalverben.
- *müssen* bedeutet: Etwas ist notwendig.
- *können* bedeutet: Etwas ist möglich oder man kennt es gut.
- *wollen* bedeutet: Ich möchte etwas unbedingt, ohne eine andere Lösung.

Modalverben sind unregelmäßige Verben, sie stehen in Verbindung mit einem anderen Verb im Infinitiv, das am Ende des Satzes ist.

Ich **muss** meine Eltern sofort **anrufen**.

	müssen	können	wollen
ich	muss	kann	will
du	musst	kannst	willst
er, sie, es	muss	kann	will
wir	müssen	können	wollen
ihr	müsst	könnt	wollt
sie, Sie	müssen	können	wollen

4 Grammatik • Setze das richtige Modalverb ein.

1. Tut mir leid, ich .... heute Abend nicht kommen.
2. 1000 Euro? Das .... wir feiern!
3. Das Kind .... keine Makkaroni essen.
4. Der Text ist sehr klein. Meine Großmutter .... ihn nicht lesen.
5. .... Sie mir bitte helfen?
6. Die Jungen .... morgen wieder in die Schule gehen.

5 Wortschatz • Wähle das richtige Substantiv.

1. In der Jacke steckt ein *Unfall / Umschlag*.
2. Die *Autobahn / U-Bahn* fährt unter ganz Berlin.
3. Emil bekommt das *Gold / Geld* zurück.
4. Im *Zimmer / Zentrum* sitzen wenige Leute.
5. Jetzt nehmen die Kinder *Anfang / Abschied*.

Kapitel 8

NACH DEM LESEN

1 Textverständnis • Welche Antwort ist richtig?

1. Frau Tischbein bekommt Besuch von
   - a ☐ der Polizei.
   - b ☐ Frau Wirth.
   - c ☐ Frau Augustin.
2. Frau Tischbein spricht am Telefon mit
   - a ☐ ihrer Schwester.
   - b ☐ ihrer Mutter.
   - c ☐ ihrem Sohn.
3. Im Zug liest Frau Tischbein
   - a ☐ eine Sportnotiz.
   - b ☐ einen Roman.
   - c ☐ einen Zeitungsartikel.
4. Der Anzug von Emil ist
   - a ☐ wie neu.
   - b ☐ nicht mehr so neu.
   - c ☐ fast neu.
5. Jemand will den Detektiven ... schenken.
   - a ☐ Anzüge
   - b ☐ Fahrräder
   - c ☐ Mäntel
6. Ein großes Fest gibt es
   - a ☐ bei Heimbolds.
   - b ☐ im Polizeipräsidium.
   - c ☐ bei der Zeitung.
7. Emil will seiner Mutter ein Gerät für ... kaufen.
   - a ☐ Friseurinnen
   - b ☐ Köchinnen
   - c ☐ Kellnerinnen
8. Aus der Geschichte kann man etwas
   - a ☐ holen.
   - b ☐ lernen.
   - c ☐ leben.

2 Textverständnis • Setze die Wörter ein.

> böse   natürlich   über   komm   ihren   sehr
> endlich   mit   liest   Anzug

Frau Tischbein telefoniert (1) .... ihrer Schwester. „(2) .... schnell nach Berlin!" (3) .... wundert sich Emils Mutter (4) .... Im Zug (5) .... sie in der Zeitung einen Artikel (6) .... ihren Sohn. (7) .... sieht sie ihn in der Hauptstadt. Der (8) .... von Emil ist nicht mehr perfekt, aber Frau Tischbein ist überhaupt nicht (9) .... Auf (10) .... Emil ist sie nämlich sehr stolz.

3 Schreibübung • Beantworte die Fragen mit ganzen Sätzen.

1. Warum ist Frau Tischbein besorgt?
2. Was steht in der Zeitung über einem Foto von Emil?
3. Wo feiern die Kinder ein Fest?
4. Was möchte Emil seiner Mutter kaufen?
5. Was essen alle auf dem Fest in der Schumannstraße?
6. Wer hält auf dem Fest eine kurze Rede?
7. Was war die Aufgabe von Dienstag?
8. Wer gibt der Mutter von Emil die 1000 Mark?
9. Wo sollen keine Geldscheine stecken?
10. Was fängt jetzt in der großen Stadt an?

4 Wortschatz • Verbinde.

1.	Jemand klingelt	a	Emil nicht mehr im Zug.
2.	Die Kinder laufen	b	sind glücklich.
3.	Ein Herr schenkt	c	es einen leckeren Kuchen.
4.	Emil bekommt vielleicht	d	bei Emils Mutter.
5.	Die Mutter	e	hinter dem Dieb her.
6.	Am Ende beginnen	f	der Dame die Zeitung.
7.	Frau Tischbein steigt	g	am Bahnhof aus.
8.	Emil möchte seiner Mutter	h	freut sich sehr.
9.	Bei Tante Martha gibt	i	einen neuen Anzug.
10.	Allein fährt	j	einen Mantel schenken.
11.	Das Geld kommt	k	für die Kinder die Ferien.
12.	Alle feiern und	l	auf ein Bankkonto.

HÖR WEITER ZU

1 Erich Kästner trifft Emil Tischbein in der Redaktion. Der Journalist stellt dem Jungen einige Fragen zu seiner tollen Zeit in Berlin. Hör das Interview. Welches Wort benutzen Emil und Herr Kästner?

1. Guten Tag, Emil. *Super / Schön*, dass du hier bist.
2. Ich habe sie *alle / jeden* gern.
3. *Morgen / Montag* gibt es ein zweites Fest.
4. Der Konditor bringt eine *feine / kleine* Sahnetorte.
5. Dieses Mal also keine Makkaroni mit *Speck / Schinken*?
6. Mutti bekommt zwei schöne *Schränke / Geschenke*.

2 Hör das Interview noch einmal. Was ist richtig (R), was ist falsch (F)?

	R	F
1. Emil wohnt jetzt bei seinen Freunden.	☐	☐
2. Die Freunde haben lustige Klamotten.	☐	☐
3. Emil möchte auch Fische sehen.	☐	☐
4. Emil will mit den Freunden Spaß haben.	☐	☐
5. Das ganze Geld von Emil kommt auf die Bank.	☐	☐
6. Herr Kästner versteht Emils Pläne gut.	☐	☐

3 Hör das Interview noch einmal. Beantworte dann die Fragen.

1. Wie lange möchte Emil in Berlin Ferien machen?
2. Was sagt Herr Kästner zu den Namen der Freunde von Emil?
3. Welche vier Namen von Detektiven nennt Emil?
4. Wo feiert man ein zweites Fest?
5. Was gibt es da zu essen?
6. Wo war Emil noch nie?

4 **Du hörst ein Gespräch zwischen Emma und ihrer Mutter. Sie wohnen in Berlin und wollen im Frühling jeden Sonntag mit dem Fahrrad einen Ausflug machen. Setze die fehlenden Wörter ein.**

Emma: Ich habe den ganzen (**1**) .... für die Schule gelernt. Jetzt wird das (**2**) .... wieder schön. Samstag mache ich natürlich (**3**) .... für die Schule. Aber am Sonntag (**4**) .... ich so gern mit dem Fahrrad fahren!

Mutter: (**5**) .... lasse ich dich aber nicht fahren. Du bist noch zu klein!

Emma: Ja, (**6**) .... Gern fahre ich mit dir.

Mutter: Es gibt (**7**) .... organisierte Radtouren, in und (**8**) .... Berlin.

Emma: Das ist eine tolle Idee!

Mutter: Berlin hat soooo viele Radwege! Wir können auch mit dem Rad den Zug (**9**) .... Sehr interessant ist zum (**10**) .... die Umgebung von Brandenburg. (**11**) .... pur!

Emma: Ja!

Mutter: Potsdamer und Brandenburger Havelseen, Teltow-Park, Potsdam. Im (**12**) .... finden wir bestimmt eine Menge (**13**) .... Ideen. Um Berlin gibt es herrliche Regionalparks. Wir haben sicher viel (**14**) ....

Emma: Super! (**15**) .... kann es losgehen?

65

IM INTERNET

Das literarische Berlin

Berlin ist eine Stadt mit einer komplizierten Geschichte und wird in vielen literarischen Werken beschrieben.
Entdecke die Straßen und Plätze in Berlin, die Erich Kästner in seinem Buch *Emil und die Detektive* nennt. Die Straßen und Plätze in der Geschichte gibt es auch in der Wirklichkeit.

In Berlin – Suche im Internet und beantworte die Fragen.

1. Emil soll in Berlin am Bahnhof Friedrichstraße aussteigen. Wann hat man den Bahnhof Friedrichstraße gebaut?
2. Emil und der Dieb steigen am Bahnhof Zoologischer Garten aus. In welchem Ortsteil von Berlin liegt er?
3. Mit der Straßenbahn fahren Emil und Herr Grundeis ein Stück durch die große Kaiserallee. Wie heißt die Straße heute?
4. Herr Grundeis setzt sich auf die Terrasse des feinen Café Josty. Aus welchem Land kamen 1796 die Gebrüder Josty nach Berlin?
5. Am Nikolsburger Platz besprechen die Kinder ihren Plan. Was zeigt der Brunnen auf dem Platz?
6. Im Polizeipräsidium am Alexanderplatz bekommt Emil sein Geld zurück. Seit 1969 steht am „Alex" ein besonders hohes Bauwerk, das höchste Deutschlands. Wie heißt es und wie hoch ist es?

Dresden ist eine sehr schöne Stadt in Ostdeutschland.
Entdecke einige Besonderheiten von Dresden, der Geburtsstadt von Erich Kästner.

In Dresden – Suche im Internet und beantworte die Fragen.

1. Erich Kästner ist in Dresden geboren. Welche Hauptstadt liegt näher an Dresden? Berlin, Wien, Prag oder Warschau?
2. Wie heißt in Dresden die Kirche mit einer sehr großen Kuppel?
3. Das Nummernschild der Autos aus Dresden beginnt mit zwei Buchstaben. Mit welchen?
4. Dynamo Dresden ist ein deutscher Fußballverein. Mit welchen Trikotfarben spielt die Mannschaft in Dresden?

FIT IN DEUTSCH 1

1 HÖREN TEIL 1 • **Du hörst drei Nachrichten am Telefon. Zu jeder Nachricht gibt es Aufgaben. Kreuze an: a, b oder c. Du hörst jede Nachricht zweimal.**

Lies die Aufgaben 1 und 2.

1. Wer spricht?

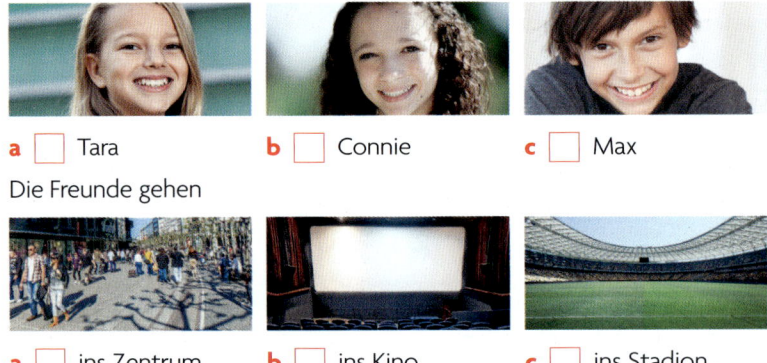

   a ☐ Tara   b ☐ Connie   c ☐ Max

2. Die Freunde gehen

   a ☐ ins Zentrum.   b ☐ ins Kino.   c ☐ ins Stadion.

Jetzt hörst du die erste Nachricht am Telefon.
Du hörst die erste Nachricht noch einmal. Markiere dann die Lösung zu Aufgabe 1 und 2.

Lies die Aufgaben 3 und 4.

3. Wann kann Frau Wirth nicht kommen?

   a ☐ Heute Morgen.   b ☐ Morgen Abend.   c ☐ Im Juli.

4. Um wie viel Uhr möchte Frau Wirth zu Frau Tischbein gehen?

   a ☐ Um 11.30 Uhr.   b ☐ Um 11.05 Uhr.   c ☐ Um 10.30 Uhr.

Jetzt hörst du die zweite Nachricht am Telefon.
Du hörst die zweite Nachricht noch einmal. Markiere dann die Lösung zu Aufgabe 3 und 4.

Lies die Aufgaben 5 und 6.

5. Robert hat Probleme in

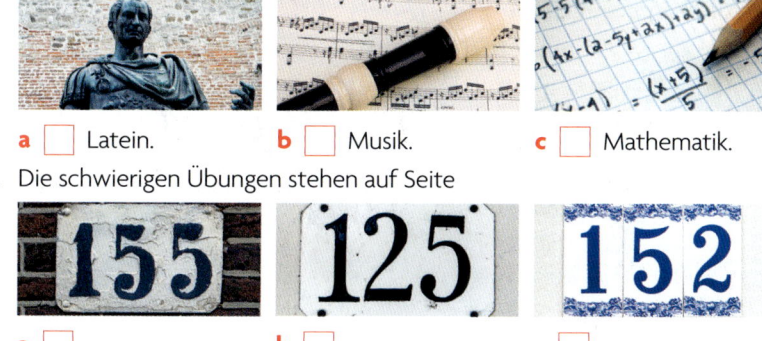

a ☐ Latein.   b ☐ Musik.   c ☐ Mathematik.

6. Die schwierigen Übungen stehen auf Seite

a ☐   b ☐   c ☐

Jetzt hörst du die dritte Nachricht am Telefon.
Du hörst die dritte Nachricht noch einmal. Markiere dann die Lösung zu Aufgabe 5 und 6.

track 13

2 HÖREN TEIL 2 • Du hörst zwei Gespräche. Zu jedem Gespräch gibt es Aufgaben. Kreuze an: richtig (R) oder falsch (F). Du hörst jedes Gespräch zweimal. Lies die Sätze 1, 2 und 3.

		R	F
1.	Georg hat keine Kopfschmerzen mehr.	☐	☐
2.	Petra geht mit zwei Freunden ins Konzert.	☐	☐
3.	Die Freunde treffen sich um 7 Uhr abends.	☐	☐

Jetzt hörst du das erste Gespräch.
Du hörst das erste Gespräch noch einmal. Markiere dann für die Sätze 1, 2 und 3: richtig (R) oder falsch (F).

Lies die Sätze 4, 5 und 6.

		R	F
4.	Fred und Lea arbeiten in Berlin.	☐	☐
5.	Lea will in ein Museum gehen.	☐	☐
6.	Das Berliner Schloss ist sehr alt.	☐	☐

Jetzt hörst du das zweite Gespräch.
Du hörst das zweite Gespräch noch einmal. Markiere dann für die Sätze 4, 5 und 6: richtig oder falsch.

FIT IN DEUTSCH 1

3 LESEN TEIL 1 • Lies bitte die zwei Anzeigen aus der Zeitung.

Anzeige 1

Hallo Leute! Ich bin neu in Berlin. Seit einer Woche wohne ich in Kreuzberg in einer Einzimmerwohnung. Ich brauche aber noch vieles: ein Sofa, einen Tisch, einen Schrank, zwei Stühle.
Wer kann mir helfen?
Ruft mich auf dem Handy an:
Gustav: 0187-55791128.

Anzeige 2

Neu: Deutschkurse am Alexanderplatz!
- Für Kinder und Jugendliche bis 18.
- Montag-Freitag, 16-18 Uhr; samstags 15-17 Uhr.
- Zwei Stunden 20 Euro.
- Informationen 030 11 88 50, Montag-Samstag, 9-15 Uhr.

Aufgaben 1 bis 6. Kreuze an: a, b oder c.

Anzeige 1

1. Das ist eine Anzeige
   - a ☐ aus Berlin.
   - b ☐ von einer Universität.
   - c ☐ von einem Berg.

2. Gustav sucht
   - a ☐ ein Zimmer.
   - b ☐ Möbel.
   - c ☐ Freunde.

3. Gustav braucht
   - a ☐ kein Bett.
   - b ☐ ein Handy.
   - c ☐ einen Kühlschrank.

Anzeige 2

4. Die Deutschkurse sind
   - a ☐ nur für Kinder.
   - b ☐ nicht für Erwachsene.
   - c ☐ nicht nur für Erwachsene.

5. Wann findet der Unterricht statt?
   - a ☐ Jeden Nachmittag.
   - b ☐ Nicht am Wochenende.
   - c ☐ Nicht am Morgen.

6. Wann kann man für Informationen anrufen?
   - a ☐ Bis 5 Uhr.
   - b ☐ Nie abends.
   - c ☐ Das ganze Wochenende.

FIT IN DEUTSCH 1

4 LESEN TEIL 2 • In einer Zeitschrift findest du zwei Texte über Jugendliche in Deutschland. Lies bitte die Beschreibungen.

Beschreibung 1

Hi, ich bin Rudi. Ich wohne in Frankfurt, aber ich bin in Australien geboren. Diese Weihnachten fliege ich mit meinen Eltern und meinem Bruder nach Hause, nach Adelaide. Das ist im Süden. Wir bleiben nur zehn Tage da. Aber es ist bestimmt toll! In Australien ist dann Sommer und wir können im Meer baden.

Beschreibung 2

Wir sind Moni und Susi. Wir wohnen in München. München ist immer sehr schön, aber im Sommer wollen wir nach Frankreich ans Meer fahren. Wir müssen für die Schule besser Französisch sprechen. Also schwimmen wir dann jeden Tag und am Nachmittag lesen wir und machen Übungen. Abends gehen wir tanzen. Das ist bestimmt lustig.

Aufgaben 1 bis 6. Was ist richtig (R) und was ist falsch (F)?

Beschreibung 1

1. Rudi kommt aus Nordaustralien.
2. Rudi fliegt zu Weihnachten zu seinen Eltern.
3. Rudi möchte in Australien schwimmen.

Beschreibung 2

4. Moni und Susi wohnen in der Nähe von München.
5. Ihr Französisch ist perfekt.
6. Abends möchten die Freundinnen ausgehen.

5 SCHREIBEN • Du hast diese E-Mail bekommen. Antworte darauf bitte mit mindestens 30 Wörtern.

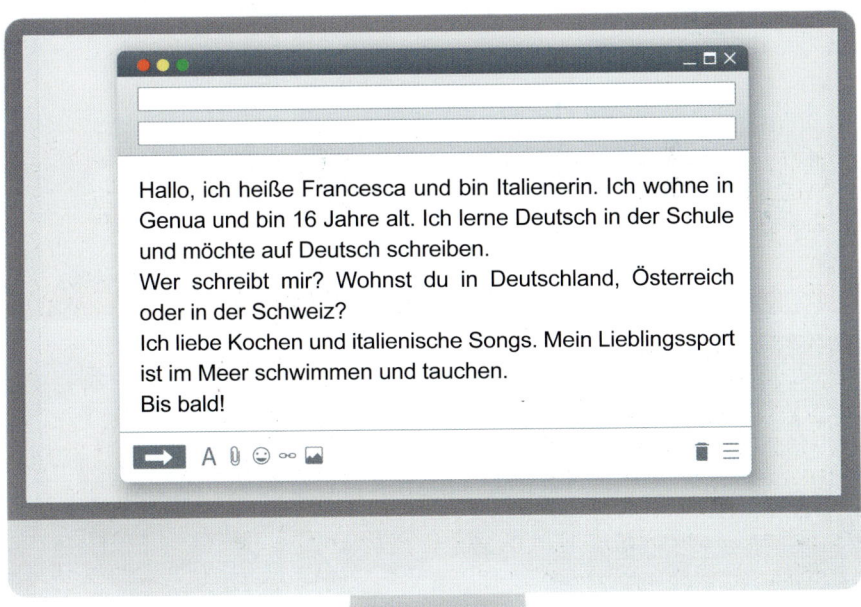

Hallo, ich heiße Francesca und bin Italienerin. Ich wohne in Genua und bin 16 Jahre alt. Ich lerne Deutsch in der Schule und möchte auf Deutsch schreiben.
Wer schreibt mir? Wohnst du in Deutschland, Österreich oder in der Schweiz?
Ich liebe Kochen und italienische Songs. Mein Lieblingssport ist im Meer schwimmen und tauchen.
Bis bald!

ABSCHLUSSTEST

1 ZUSAMMENFASSUNG IN BILDERN • Nummeriere die Bilder in der richtigen Reihenfolge.

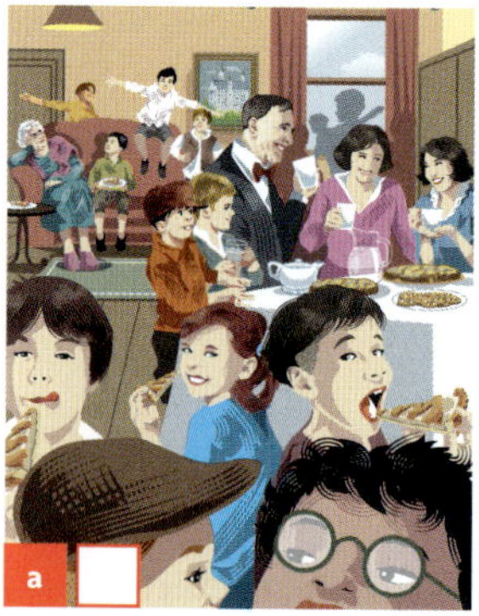

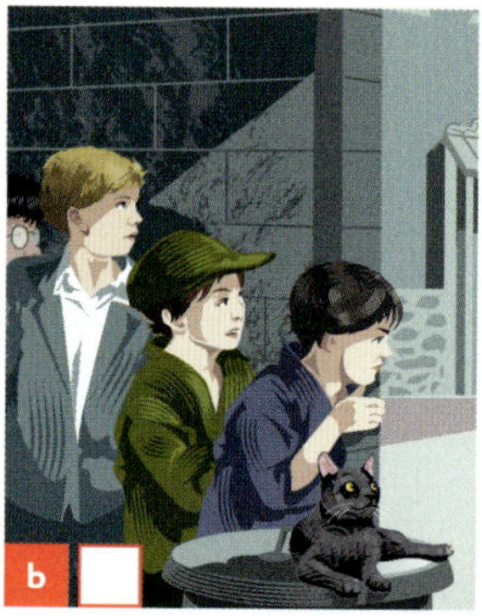

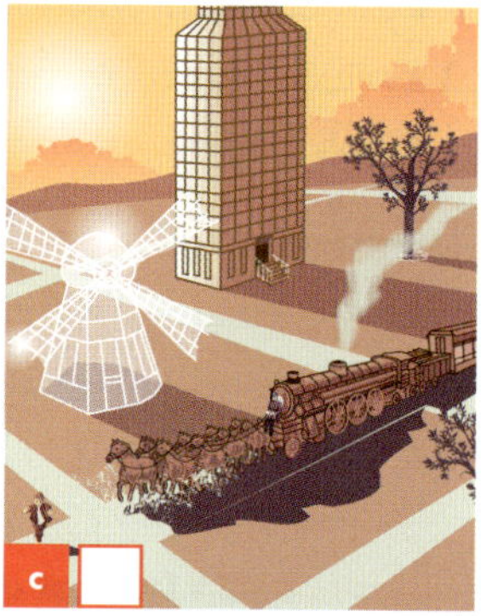

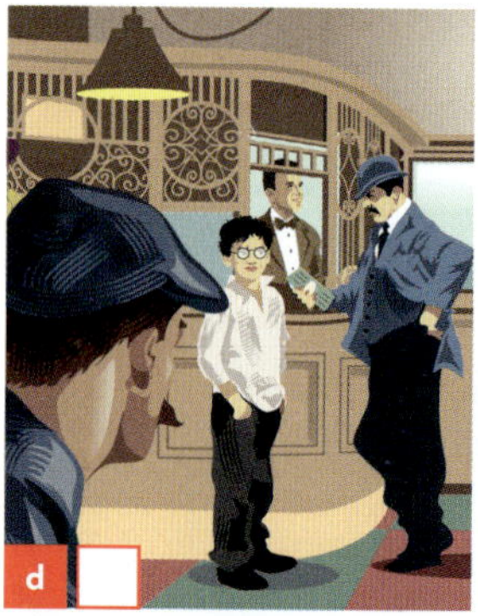

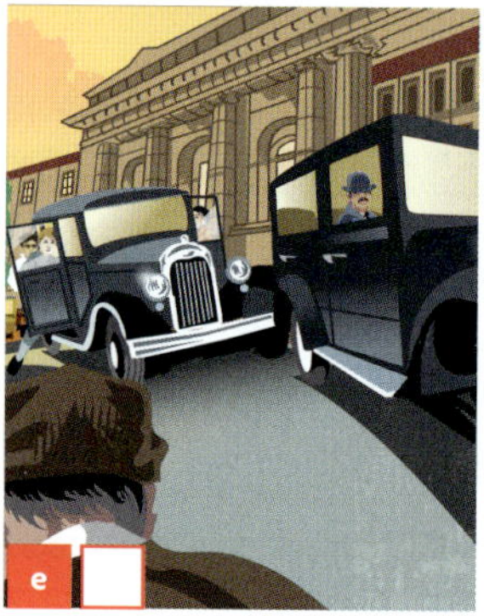

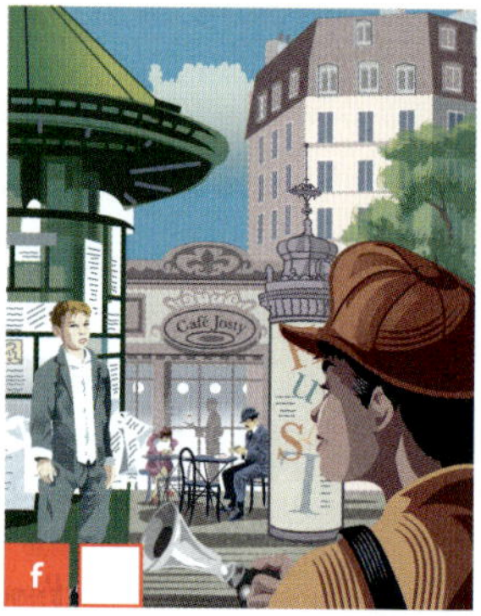

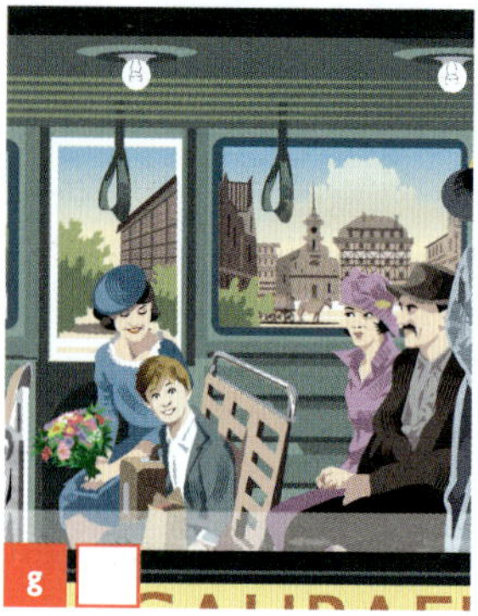

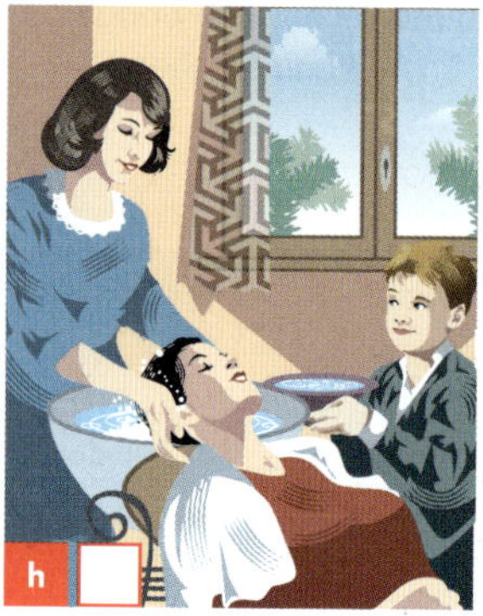

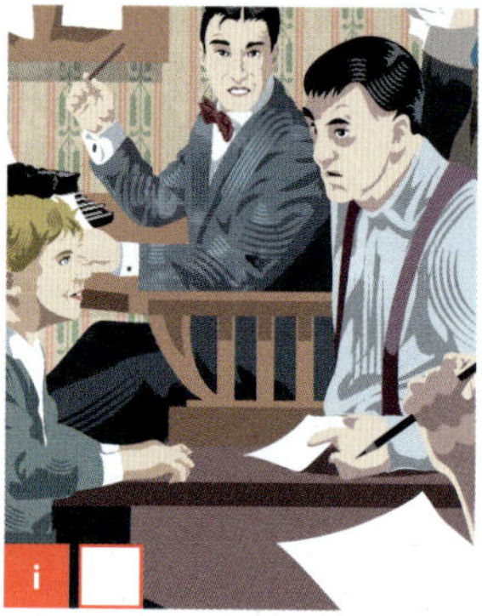

2 SPIEL • Löse das Kreuzworträtsel.

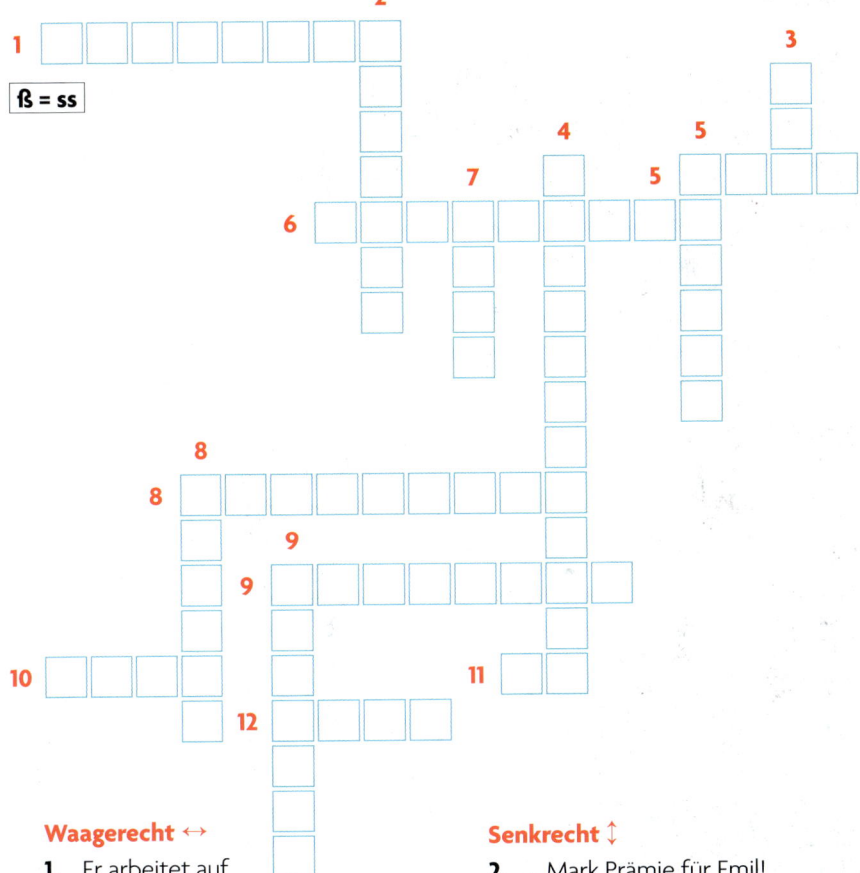

ß = ss

Waagerecht ↔

1. Er arbeitet auf der Straße und bei der Polizei.
5. Das Geld liegt am besten da.
6. Die Freunde von Emil sind ... .
8. Sie schneidet und wäscht Haare.
9. Zwei Tage vor Donnerstag.
10. Das Lieblingsspielzeug von Gustav.
11. Berlin liegt ... der Spree.
12. Den Hut hat Herr Grundeis auf dem ... .

Senkrecht ↕

2. ... Mark Prämie für Emil!
3. ... Dieb möchten die Kinder fassen.
4. Mit der ... fährt Emil in Berlin das erste Mal.
5. Der Alexanderplatz liegt in ... .
7. Der Cousin von Pony Hütchen.
8. Erst suchen, dann ... .
9. Es hatte einen Schnurrbart – ein Streich von Emil.

ABSCHLUSSTEST

3 TESTE DEIN GEDÄCHTNIS! • **Welcher Satz passt zu welcher Person im Buch?**

1. Wachtmeister Lurje
2. Frau Wirth
3. Emil
4. Dienstag
5. Pony Hütchen
6. Gustav mit der Hupe
7. Frau Tischbein
8. Herr Kästner
9. Herr Grundeis
10. der Portier
11. Wachtmeister Jeschke
12. der Professor

a ☐ Seine Aufgabe: Telefondienst.
b ☐ Der Mann im Traum.
c ☐ Alle Jungen bewundern sie.
d ☐ Herr Kießling, aber auch Herr Müller.
e ☐ Er gibt Emil immer einen falschen Familiennamen.
f ☐ Nudeln isst er besonders gern.
g ☐ Er gibt Emil 10 Mark.
h ☐ Ihn kennen alle durch seinen – Sound.
i ☐ Ihre Haare sind oft in den Händen von Frau Tischbein.
j ☐ Mit Brille und sehr intelligent.
k ☐ Sie bekommt bald einen Mantel.
l ☐ Ein Journalist und Schriftsteller.

4 Richtig (R), falsch (F) oder „weiß nicht" (WN)?
Vorsicht: Die Fragen sind nicht in der Reihenfolge der Handlung.

	R	F	WN
1. Die Familie Tischbein ist reich.	☐	☐	☐
2. Frau Tischbein ist Friseurin.	☐	☐	☐
3. Emil ist ein guter Schüler.	☐	☐	☐
4. Gustav ist kein guter Schüler.	☐	☐	☐
5. Das bemalte Denkmal steht in Neustadt.	☐	☐	☐
6. Der Professor verliebt sich in Pony.	☐	☐	☐
7. Pony fährt gern Rad.	☐	☐	☐
8. Emil hat drei Geldscheine in der Tasche.	☐	☐	☐
9. Das Hotel Kreid liegt am Alexanderplatz.	☐	☐	☐
10. Das Telefon weckt Herrn Grundeis um 8 Uhr.	☐	☐	☐
11. Das Café Josty ist ein Luxuslokal.	☐	☐	☐
12. Die Taxifahrt kostet die Detektive eine Mark.	☐	☐	☐
13. Der Hotelportier ist der Onkel des Liftboys.	☐	☐	☐
14. Die Kinder schlafen alle zu Hause.	☐	☐	☐
15. Pony Hütchen ist zwölf Jahre alt.	☐	☐	☐
16. Emil steigt am Hauptbahnhof aus dem Zug aus.	☐	☐	☐

WERTE UND GEFÜHLE

PERSONEN

1 Wähle für jede Person Wörter aus dem Kasten. Du kannst jedes Wort auch mehr als einmal benutzen. Einige Wörter passen nicht.

*Ehrlichkeit • Feigheit •
Korrektheit • Bosheit •
Mitleid • Gleichheit •
Freundlichkeit •
Liebe • Falschheit •
Höflichkeit •
Sparsamkeit •
Egoismus •
Unehrlichkeit •
Hilfsbereitschaft •
Freundschaft •
Intelligenz • Klugheit •
Mut • Besonderheit*

ÜBERLEGUNG

2 Welcher Titel passt zu den acht Kapiteln?

Kapitel 1	a	6	Aufregung und Aufmerksamkeit
Kapitel 2	b	5	Ärger und Einsamkeit
Kapitel 3	c		Stolz und Freude
Kapitel 4	d		Liebe und Sorge
Kapitel 5	e		Klugheit und Vorsicht
Kapitel 6	f		Freundlichkeit und Freundschaft
Kapitel 7	g		Spannung und Wut
Kapitel 8	h		Verlogenheit und Überraschung

DIE GESCHICHTE

③ **Diese Adjektive kann man mit der Geschichte von Emil und den Detektiven verbinden. Teile sie in positive, negative und manchmal gute oder schlechte Eigenschaften auf.**

misstrauisch   ärgerlich   enttäuscht
naiv   **traurig**
mitleidig
fröhlich   **böse**
lustig   **heiter**
falsch   **freundlich**
treu
wütend
mutig   vorsichtig

positiv	negativ	manchmal gut / manchmal schlecht

 DU BIST AN DER REIHE!

④ **Welche Werte und Gefühle sind für dich besonders wichtig? Schreibe Wörter aus dieser Doppelseite in den Kasten, die wichtigen in Großbuchstaben. Vergleiche deinen Kasten mit deinen Mitschülern.**

Dieser Lesetext basiert auf der Methode des expansiven Lesens, bei der der Text Ausgangspunkt für die Verbesserung der Sprachkenntnisse ist und zur Beschäftigung mit historischen Hintergründen, mit kulturellen Aspekten und mit anderen im Text enthaltenen Themen anregt.

Die neuen Strukturen, die auf dieser Stufe der Serie LESEN UND ÜBEN – Lebenskompetenzen eingeführt werden, sind unten aufgelistet. Die Strukturen der niedrigeren Niveaustufen sind selbstverständlich ebenfalls enthalten.

Für einen kompletten Überblick über die auf allen Niveaustufen verwendeten Strukturen siehe *blackcat-cideb.com*.

Niveau eins

Aussage- und Fragesatz
Konnektoren *aber, oder, und, deshalb, dann*
sein und *haben* (Präsens/Präteritum)
Verben im Präsens und Imperativ
Trennbare Verben
Modalverben
Unbestimmte und bestimmte Artikel (Nom., Akk., Dat.)

Pluralbildung
Negation
Personalpronomen (Nom., Akk., Dat.)
Indefinitpronomen *man*
Possessivpronomen
Präpositionen mit Akkusativ
Präpositionen mit Dativ
Wechselpräpositionen
Kardinalzahlen

Niveau eins

Wenn das Lesen dieses Textes dir Spaß gemacht hat, werden dir auch die folgenden gefallen ...

- *Das geheimnisvolle Foto* von Stefan Czarnecki
- *Die Legende des Piraten Störtebeker* von Sabine Werner
- *Erich ist verschwunden* von R. Böttcher, S. Lang und S. Czarnecki

Niveau zwei

oder versuche ein höheres Sprachniveau!

- *Abenteuer in Lübeck* von Jürgen Schmitt
- *Lena geht ins Netz* von R. Böttcher und T. Cignatta
- *Peter Schlemihls wundersame Geschichte* von Adelbert von Chamisso